新时代中国企业国际传播战略实践

The International Communication Strategies of
Chinese Enterprises in the New Era

周敏　赵秀丽　陈飞扬 ○著

中国国际广播出版社

资助项目：

1.国家社会科学基金项目"圈群生态视阈下网络舆情治理现代化创新路径研究"（23BXW041）

2.北京市社会科学基金项目"北京环境传播的创新路径研究"（22XCB008）

3.中央高校基本科研业务费专项基金（1243200001）

目　录

第一章

新时代企业国际传播战略实践背景

第一节　新时代企业国际传播内外部生态变化

2022年10月，在党的二十大报告中，习近平总书记明确提出，"增强中华文明传播力影响力。坚守中华文化立场，提炼展示中华文明的精神标识和文化精髓，加快构建中国话语和中国叙事体系，讲好中国故事、传播好中国声音，展现可信、可爱、可敬的中国形象。加强国际传播能力建设，全面提升国际传播效能，形成同我国综合国力和国际地位相匹配的国际话语权。深化文明交流互鉴，推动中华文化更好走向世界"[1]。

从古代丝绸之路的繁盛景象到如今中国创造的海外风靡，国际贸易活动自古以来就是文明交流互鉴的重要方式。在经济全球化日益深化的当下，企业已经成为世界各国开展国际传播的重要主体之一。作为国家在国际舞台上的重要名片，企业以自身的产品及服务参与国家形象的塑造与传播，成为认知国家形象的重要载体，是国家形象的有机载体和展现窗口。在全球化、信息化、市场化和数智化浪潮的冲击下，世界正在从以易变性（volatility）、不确定性（uncertainty）、复杂性（complexity）和模糊性（ambiguity）为主要特征的"乌卡（VUCA）社会"向脆弱的（brittle）、焦虑的（anxious）、非线性的（nonlinear）、不可理解的（incomprehensible）"巴尼（BANI）社会"转型。人类社会面临的脆弱性、不确定性风险日益增加，且风险的多源性、互衍性、扩散性、系统性和不可预知性特征更加

---

[1]　党的二十大报告全文来了！［EB/OL］．（2022-10-27）［2023-10-08］. https://baijiahao.baidu.com/s?id=1747845294347170289&wfr=spider&for=pc.

凸显[①]，企业国际传播正面临着德国社会学家贝克（Ulrich Beck）所预言的"全球风险社会"的挑战。如果说乌卡时代更倾向于描述世界的整体不确定性，巴尼时代则侧重描述世界图景的具体感觉，强调从外界环境转换到微观层面个体心理的复杂状态。巴尼社会的到来使企业国际传播所处的内外部生态发生了翻天覆地的变化，世界之变、时代之变、历史之变正以前所未有的方式展开。在此背景下，如何在国与国之间建立"民相亲""心相通"的纽带，需要切实提升中国企业国际传播效能，在企业出海实践中实现话语交汇、情感共鸣。

一、外部挑战：国际舆论斗争形势加剧企业国际传播工作挑战

（一）世界变乱交织，不确定性与风险性加剧

当今世界变乱交织，百年未有之大变局加速演进，世界正在进入一个前所未有的动荡变革期。世界变局在本质上是国际体系的深刻变迁，当前国际体系蕴含着巨大的风险性和不确定性：变革动荡持续演进，地缘政治紧张，局部冲突和动荡频发，世界经济复苏乏力，粮食与能源危机等全球性问题加剧；资本扩张、霸权主导、地缘竞争等旧有的权力政治逻辑仍然在世界变局中发挥作用；逆全球化思潮抬头，单边主义、保护主义明显上升。但与此同时，一些新的或曾经被忽视的要素也不断充实进来，其影响力越来越不可忽视，如"全球南方"的崛起，非国家角色增多、影响力拓展，信息扩散带来权力转移，全球治理的推进等诸多要素和逻辑的综合作用，对地区乃至全球政治、经济、外交格局产生了深远的影响。

新一轮科技革命和产业变革深入发展，国际力量对比深刻调整，使我国发展面临新的战略机遇。全球新兴市场的崛起、全球经济一体化的推进

---

① 丁忠毅，李梦婕.中国式现代化新征程中统筹边疆地区发展和安全论纲：基于时空环境—指涉对象—统筹主体—体制机制的分析框架［J］.云南社会科学，2023（6）：12-22.

及"一带一路"倡议等进一步推动了中国企业"走出去"的步伐。企业是国际传播立体化格局中的重要主体。面对复杂的国际格局和舆论生态，企业需要在立足稳定发展的同时灵活调整传播策略，以应对"风高浪急"的外部环境。同时，也要善于审时度势，研判国际关系、地缘政治等外部压力，把握技术变革中的机遇，明晰多重关键变量叠加对我国企业国际传播建设产生的影响。

（二）平台社会冲击，技术革新重塑数字基础设施

平台社会的崛起重塑了信息沟通渠道与网络连接方式，打造了全新的平台生态系统，企业国际传播需要适应平台社会带来的技术转型以及随之而来的方式、思维转变。"平台社会"（Platform Society）这一概念由荷兰学者何塞·范·迪克（José van Dijck）等人在《平台社会：互联世界中的公共价值》一书中提出，指的是一种社会生活，其社会经济流动越来越多地受到由算法和数据驱动的全球化在线平台生态系统的调节。平台已经成为人们生产与生活实践中的一项基础设施，且对社会制度及其运行实现了较深的渗透。随着全球传播的深度平台化，数字基础设施及其背后的互联网企业越发深入全球社会治理，数字平台已成为全球信息流动与情感交往不可替代的新型基础设施。中国的BAT（百度、阿里巴巴、腾讯），美国的GFAAM［Google（谷歌）、Facebook（脸书）、Amazon（亚马逊）、Apple（苹果）、Microsoft（微软）］等所组成的数字生态系统通过将其平台型产品转化为不可或缺的基础设施，支撑并实现了几乎所有类型的数字通信、信息流动和网络社群联结。数字媒体平台正在成为基于平台世界主义和互联互通意义上的"全球媒介"，其意识形态属性和随之出现的价值观与地缘政治矛盾冲突亦相当明显[1]。如2024年"剥离TikTok法案"之后，TikTok在美国市场面临的封禁。中国企业国际传播面临着平台限制、自主平台影响力

---

① 史安斌，朱泓宇.数字华流的模式之争与系统之辩：平台世界主义视域下中国国际传播转型升级的路径与趋势［J］.新闻与传播评论，2022，75（5）：5-14.

不足等诸多挑战。

大模型时代的到来掀起了数字基础设施演进的新一轮浪潮，美国OpenAI公司于2022年末推出的ChatGPT以及2024年公布的Sora文生视频模型进一步拓宽了AIGC（人工智能生产内容）的应用场景。大型科技公司在平台权力的积累上又一次激增，并凭借大语言模型（Large Language Model，LLM）训练中受到的巨额成本、数据资源和计算能力等限制，在全球范围内形成了技术壁垒与话语垄断。随着人类对数字基础设施和平台的依赖程度不断上升，技术力量的积累将持续影响全球国家之间、企业之间的关系。在此背景下，我国企业也争相布局大模型领域，阿里巴巴、百度、字节跳动、华为等互联网科技公司也在AI领域持续发力，紧随全球最新技术动向，进一步提升我国企业平台型应用与数字基础设施的传播效能及影响力。

当前，在全球通用的大模型数据训练集里，中文语料仅占1.3%，中国特色明显不足。目前，我国自主研发的大模型与世界先进技术还存在一定差距，坚持原创性研究是推动我国发展自主通用人工智能的根本所在。我国国际传播格局正处于由机构出海转向平台出海的新阶段，企业在其中担任技术研发、平台推广等多重使命。作为我国"走出去"的重要一环，我国企业还需要进一步提高其在平台基础设施发展中的知名度、影响力、话语权，以一个好的企业形象展现一个好的国家形象，降低国际上对中国及中国企业的歧视与误解，同时加强自主平台研发，掌握自主发声渠道，紧跟AI领域发展步伐，提高企业国际话语权。

（三）传播格局演变，国际舆论场开启认知争夺

当前，全球正处在一个新旧交替、格局更新、特性重构的历史性转折时期。虽然"东升西降"的局面逐渐出现，演变速度加快，国际传播趋向"多极化"，但是，"西强我弱"的传播格局并没有改变，美国等国家依然占据着世界上90%以上的新闻资讯资源，其话语权在世界上依然占据着主导地位。自1978年改革开放以来，中国GDP占全球的比重稳步提升，一大批

中国企业快速成长，并开始走出国门，国际竞争力与影响力逐年提升，在国际政治、经济、文化传播中扮演着越来越重要的角色。但根据《财富》杂志发布的"2021年全球最受赞赏公司榜单"，苹果公司连续第14年高居榜首，亚马逊第二，微软第三[①]。而中国企业却没有一家入选该榜单，这与中国作为世界第二大经济体、全球第一制造强国的地位极不相称。纵观现阶段的国际格局和舆论斗争，形势越发复杂莫测，多个影响我国国际传播建设的关键变量交织发力。要想打破既有传播格局，提升我国企业的国际话语权与影响力，需要直面国际舆论场中关于认知争夺的挑战。

基于认知的理论阐释以及人类认知资源有限的基本假设前提，认知争夺被定义为传播环境中各类信息通过多种方式对个体有限的认知资源进行竞争式抢夺的行为。智媒时代，舆论战范式升维成"认知战"，认知战是围绕个体认知开展的竞争实践，其目的不仅在于控制信息内容，还在于改变人们的思维，继而影响行为方式，实现不战而屈人之兵。认知争夺分为浅层争夺的经验认同、中层争夺的情感认同以及深层争夺中驱动行为的价值认同三个层次，生成式AI平台型媒体参与上的认知争夺改变了以往对于信息、观点和态度的竞争，而是关于思维模式和价值准则的争夺。未来，生成式AI下的认知争夺的本质是占有并调用人们更多的认知资源，从而结构性地规定人们行为的边界。认知争夺是始终与信息相伴并在信息爆炸式增长环境下成为横亘在人们面前的重要议题。深度媒介化与媒介赋权是认知争夺的主要表现和发生场域。随着全世界范围内各国对基于物理武器的热战的回避，国家、组织以及地区之间的博弈从原本基于信息的舆论战逐渐转入基于信息和受众心理的认知战。

国际舆论场的认知争夺使中国企业传播面临的舆论环境更加复杂多变，对中国企业的品牌形象、市场声誉以及全球运营策略产生了深远影响，必

---

① 2021年《财富》全球最受赞赏公司榜单：苹果再卫冕［EB/OL］.（2021-02-02）［2023-10-08］. https://baijiahao.baidu.com/s?id=1690515154321908185&wfr=spider&for=pc.

须通过提升国际传播能力，加强跨文化沟通；善用科技手段，及时监测和应对舆论变化，确保信息的真实性和传播的有效性；同时积极履行社会责任，为企业自身的发展创造更有利的舆论环境。

二、内部需求：中国特色国际传播理论与战略体系构建需求凸显

（一）搭建立体式国际传播格局

习近平总书记对宣传思想文化工作作出重要指示，强调要"着力加强国际传播能力建设、促进文明交流互鉴"。党的二十大报告中明确提出"加强国际传播能力建设，全面提升国际传播效能，形成同我国综合国力和国际地位相匹配的国际话语权"。当今世界正经历百年未有之大变局，为了谋求更多的国际话语权，特别是在"公共外交"理念的倡导下，政府、媒体、企业、民间社团以及公民个体等成为国际传播的多元主体，其中，企业的国际传播受到世界各国高度重视。近年来，随着国际传播语态的转变以及数字媒介技术的发展，国际传播逐渐由媒体向企业及智库机构拓展，显现出基层化、多元化的趋势。构建多主体、立体式国际传播格局，成为全面提升国际传播能力和实效的关键一环。

我国在国际传播领域奋发有为，已经取得了明显的成效。特别是2013年9月和10月，国家主席习近平提出共同建设"丝绸之路经济带"和"21世纪海上丝绸之路"，为改革和完善全球治理体系贡献了中国智慧、中国方案、中国力量。"一带一路"倡议提出以来，通过包括道路联通、贸易畅通、货币流通等硬实力的支撑，各种合作项目、中国商品、中国制造等遍布"一带一路"共建国家，为我国国际传播奠定了良好的基础，更为提升我国软实力、构建人类命运共同体发挥了重要作用[1]。

---

[1] 胡正荣. 新时代中国国际传播亟待系统性迭代升级［J］. 传媒观察，2023（9）：1.

在此背景下，企业国际传播要与时俱进，通过对中国企业传播经验与困境的科学性把握，进一步发挥以企业为节点的国际传播内容本土化、精准化优势；形式具有灵活性、机动性和创新性等优势，推动建立多主体、立体化国际传播新格局，探索出更多中国企业国际名片建设的有效途径。

（二）理论更新迭代需求

当前国际舆论环境日趋复杂、舆论斗争日趋激烈，然而我国早期持有的国际传播研究学术视野与理论是西方世界特定发展格局下的时代产物，虽然其专业性与经验性对我国国际传播人才培养具有较大启发意义，但若不辩证取用则将导致中国独特文化意义的消弭。当前，中国企业的国际传播事业已不能继续单纯参照西方的理论与实践体系，而应首先把握国际传播环境变化趋势，在具体实践中，移步换景式地重构新发展阶段下的中国自主国际传播理论与战略体系。目前的"十四五"品牌建设也为企业国际传播理论体系构建带来新机遇。"十四五"规划纲要明确提出"增品种、提品质、创品牌""开展中国品牌创建行动"等要求[①]。中国企业必须站在"两个大局"高度谋划推动品牌与国际传播工作，综合考虑国家发展战略和全球市场动态，紧抓数字化转型和科技创新的机遇，构建独具中国特色的国际传播路径。企业应将理论与实践相结合，以创新思维应对国际传播挑战，增强中国企业的国际话语权和影响力，推动中国品牌走向世界，为打造中国特色国际传播理论与战略体系贡献自身力量。

（三）实现人才培养目标

在国际传播工作中，人才作为有效提升国际传播效能最基础且灵活的

[①] 中华人民共和国国民经济和社会发展第十四个五年规划和 2035 年远景目标纲要［EB/OL］.（2021-03-13）［2023-10-08］. https://www.gov.cn/xinwen/2021-03/13/content_5592681.htm?eqid=b0bce79c00022346000000003646335 8a.

单位，是成就我国国际传播事业的关键因素，人才培养问题是摆在一切建设性工作面前的基础性结构问题[①]。企业在国际传播人才培养目标上也有着不同于政府、高校或媒体的主体特殊性，其作为人才的需求者和使用者，需要一整套完整的以解决具体问题为目标、体现实际效果为导向的国际传播人才能力提升培训[②]。

企业国际传播内外部生态的变化驱动企业国际传播人才培养框架的更新迭代。企业应建立多层次、多维度的人才培养体系，涵盖不同层次国际传播人员的培训需求。在培养框架中推动国际传播知识体系的与时俱进，注重实践经验的积累，通过实际项目、海外交流和实地考察等方式，让人才在真实的国际传播环境中得到锻炼和成长。切实提升相关人员解决实际问题的能力，更好地理解和掌握国际传播的复杂性和多样性。

国际传播人才的培养是企业国际传播工作的基石。只有通过系统的、全面的人才培养体系，才能打造出一支高素质、具有国际竞争力的国际传播团队，为企业和国家形象的提升做出重要贡献。企业需要从战略高度重视人才培养工作，通过不断创新和优化人才培养机制，为我国国际传播事业的持续发展提供坚实的人才保障。

第二节　新时代中国企业国际传播重要指示

一、习近平总书记关于国际传播工作的重要讲话

党的十八大以来，习近平总书记多次就加强国际传播能力建设发表重

[①]　段鹏，王一淳.国际传播人才培育路径探析［J］.出版发行研究，2022（2）：23-28.

[②]　胡正荣，王天瑞.能力与价值：新时代国际传播人才队伍培养的关键［J］.中国编辑，2022（8）：45-51.

要讲话、作出重要指示。习近平总书记在主持2021年5月31日中共中央政治局就加强我国国际传播能力建设进行第三十次集体学习时强调，"要深刻认识新形势下加强和改进国际传播工作的重要性和必要性，下大气力加强国际传播能力建设"。党的十九大、二十大围绕加强国际传播能力建设作出了一系列战略部署。2022年8月，"增强国际传播影响力"被纳入《"十四五"文化发展规划》。2023年7月1日起施行的《中华人民共和国对外关系法》，将"国家推进国际传播能力建设"明确为发展对外关系的保障，写入国家法律。

2023年10月7—8日召开的全国宣传思想文化工作会议，首次正式提出习近平文化思想，并将"着力加强国际传播能力建设，促进文明交流互鉴"作为重要组成和明确要求。2024年7月，党的二十届三中全会通过的《中共中央关于进一步全面深化改革 推进中国式现代化的决定》（简称《决定》）指出，要"构建更有效力的国际传播体系"，为此，必须"加快构建中国话语和中国叙事体系，全面提升国际传播效能"，为新时代新征程上守正创新推进国际传播能力建设提出了明确方向和要求。2024年10月28日，习近平总书记在主持中共中央政治局就建设文化强国进行第十七次集体学习时明确强调："推进国际传播格局重构，创新开展网络外宣，构建多渠道、立体式对外传播格局。"习近平总书记的重要讲话全面阐述了"为什么要加强和改进国际传播工作""加强和改进什么样的国际传播工作"等新时代中国特色社会主义国际传播的根本问题，具有丰富的理论内涵。

二、加强国际传播能力建设，提升国际话语权

传播力决定影响力，话语权决定主动权。习近平总书记在主持二十届中共中央政治局第十七次集体学习时强调："推进国际传播格局重构，创新开展网络外宣，构建多渠道、立体式对外传播格局。"新时代新征程，我们要深入学习贯彻习近平总书记重要讲话精神，加快构建多渠道、立体式对外传播格局，以更有效力的国际传播体系、更高水平的国际传播效能、同

我国综合国力和国际地位相匹配的国际话语权,为以中国式现代化全面推进强国建设、民族复兴伟业营造有利外部舆论环境。

在推进中国式现代化的宏伟征程中,我们迫切需要增强国际话语权和提升中华文化的影响力。为此,构建一个具有鲜明中国特色的战略传播体系显得尤为重要,这将有助于提高我们在国际舞台上掌握话语权的能力和水平。习近平总书记和党中央对国际传播工作作出了一系列重要部署,强调必须加强顶层设计和研究布局,构建具有鲜明中国特色的战略传播体系。我们要认真学习这些部署,准确把握其精神实质,全面增强国际传播工作的紧迫感和责任感。

国际传播能力建设是提升国际话语权的有效路径,是加快推进国际传播格局的重要组成部分。全面提升国际传播效能,首先必须加强国际传播能力建设,形成同我国综合国力和国际地位相匹配的国际话语权。准确把握有效提升国际话语权的重要意义。国际话语权是国家文化软实力的重要组成部分。党的十八大以来,习近平总书记深刻阐明增强我国国际话语权的重要意义,体现了宽广的世界眼光和高超的战略思维。

推进国际传播格局重构,构建更有效力的国际传播体系,是我国应对复杂的国际舆论形势、助力中国式现代化建设、推动文明交流互鉴的必然要求。推进国际传播格局重构,目标是形成同我国综合国力和国际地位相匹配的国际话语权。为此,要深化主流媒体国际传播机制改革,丰富传播主体,促进多元主体协同联动,加快构建多渠道、立体式对外传播格局[1]。

三、完善体制机制,构建更有效力的国际传播体系

《决定》指出,构建更有效力的国际传播体系,要深化主流媒体国际传播机制改革创新,建设全球文明倡议践行机制。机制是立足长远的制度化、规范化的管理模式,良好的机制有助于系统提升效率、优化行为,实现科

---

[1] 崔乃文,胡正荣.有效提升我国国际传播影响力[J].前线,2024(12):22-23,20.

学有序的发展。党的十八大以来，党中央从战略高度进一步强调外事、外宣和文化传播工作的重要意义，要求积极创新对外传播的工作思路、方针政策和管理体制。对外传播管理部门以及主流媒体围绕党和国家的战略部署，大力加强国际传播能力建设，为更好地"讲好中国故事、传播好中国声音"发挥了积极作用。在国际传播工作的顶层设计上，我们从思想认识、组织规划、制度安排等方面加强协同传播的观念，统筹对外传播资源，需从国家层面对"大外宣"进行统一领导、全面规划，构建协同实施、合力推进的管理体制和工作机制。组织有关部门深入研究基于系统观念的"大外宣"模式，明确未来一个时期国际传播的重点内容、目标任务、方法策略以及合理的资源配置。强化对外传播跨部门协调机制，建立对外传播线索引导、组织策划、用户需求、报道反馈、政策要求等方面的信息共享平台。整合主流媒体的对外传播资源，构建面向世界各国特别是各大国主流媒体的信息动向平台。与此同时，进一步发挥市场作用，推进国际传播的公司化运作、本土化经营、全媒体发展。在此基础上，经过深入细致的调研，制定更加丰满、更加完善、更加集约、更加科学的国家战略传播总体规划，以实现推进国际传播格局重构的战略目标。

四、以系统集成思维构建多渠道、立体式对外传播格局

《决定》要求，进一步全面深化改革要"更加注重系统集成，更加注重突出重点，更加注重改革实效"。所谓系统集成，是指将不同的系统根据应用的需要，有机地组合成一体化的、功能更加强大的新型系统的过程和方法。从理论上说，系统集成是以系统观念谋划和推进改革的具体体现，而坚持系统观念是马克思主义唯物辩证法的基本思维方式[①]。作为国家战略重点之一，深化我国主流媒体国际传播机制改革创新，构建更有效力的国际传播体系，同样需要更加注重系统集成。这要求我们将以往单项突破和局

---

① 程曼丽.以系统集成思维构建更有效力的国际传播体系［J］.前线，2024（11）：12-15.

部突进式的发散思维转变为系统集成思维，整合各领域相关资源，加强改革举措的协调配套，全面提升国际传播效能。以系统集成思维构建更有效力的国际传播体系，具体体现在传播主体、思维方式、传播渠道等方面的转变。企业作为全球市场经济体系中的重要一环，在新时代国际传播背景下具有重要的作用。

《决定》提出"加快构建多渠道、立体式对外传播格局"。这要求我们从系统观念出发，实现传播主体、传播思路和传播渠道的转变。目前，全球传播生态正在发生深刻变化，国际传播主体已经超越传统主流媒体的范畴，呈现出多样化的态势。随着中国对外交流日益扩大和深化，"走出去"的企业、各类社会组织以及公民个人的数量不断增加，它们以投资建厂、项目合作、劳务输出、文化交流等形式嵌入所在国，成为"讲好中国故事、传播好中国声音"的重要载体。因此，除了持续加强主流媒体的国际传播能力，我们还要综合利用多种传播渠道和平台，积极挖掘和着力发挥企业在国际传播渠道与立体式对外传播格局中的功能和作用。正如《决定》所要求的，"推动走出去、请进来管理便利化，扩大国际人文交流合作"。

五、中央企业肩负国际传播的政治担当

中国企业在国际传播中扮演着越来越重要的角色，其声誉与国家形象建构紧密关联，已成为提升中国国际传播能力的关键所在[1]。随着中国经济的快速发展和全球影响力的不断扩大，越来越多的中国企业走出国门，参与国际竞争与合作。这些企业不仅在经济领域发挥着重要作用，也在文化传播和国际交流中扮演着重要角色。通过高质量的产品和服务，中国企业向世界展示了中国的创新能力和经济实力，增强了国际社会对中国的认知和信任。同时，企业的社会责任和文化价值观也在国际传播中传递着中国的文化理念和价值追求，促进了不同文化之间的交流与理解。因此，中国

---

[1] 李继东，李阿茹娜，金明珠. 提升中国企业国际传播力的思考和建议［J］. 对外传播，2018（9）：10-13.

企业的国际声誉不仅关乎其自身的长远发展，也对国家形象的塑造和国际传播能力的提升具有重要意义。其中，中央企业肩负重要使命，在企业"走出去"过程中，需要深入思考"国际公共产品""国际合作平台"与国际传播工作之间的内在联系和相互转化途径，在深入参与国际传播、讲好中国故事中扛起政治担当，积极主动作为。

首先，提升中央企业加强国际传播能力建设的政治自觉。随着中国在国际舞台上的影响力不断增强，涉华议题在国际舆论中的关注度持续上升，国际社会对了解和认识中国的渴望也在不断增长，如何向世界展示真实、立体、全面的中国，成为加强我国国际传播能力建设的重要任务。2021年5月31日，习近平总书记在十九届中共中央政治局第三十次集体学习时发表重要讲话，指出"要深刻认识新形势下加强和改进国际传播工作的重要性和必要性，下大气力加强国际传播能力建设，形成同我国综合国力和国际地位相匹配的国际话语权，为我国改革发展稳定营造有利外部舆论环境，为推动构建人类命运共同体作出积极贡献"。习近平总书记的讲话为加强国际传播能力建设作出战略部署、指明前进方向、提供根本遵循，将我们党对新形势下开展国际传播工作的规律性认识提升到新的高度。中央企业特别是国际业务占比较大的企业，要深入领会，提高站位，自觉将加强国际传播纳入本职工作，生动讲好中国和中国共产党的故事，努力做到在国际业务合作开发平台上，实现促进当地经济发展与加强国际传播工作的更好结合①。

其次，这是中央企业姓党为党的底色使然。以习近平同志为核心的党中央，以巨大的政治勇气和责任担当，提出构建人类命运共同体的伟大愿景，为人类社会破解世界难题、携手共创美好未来提供了中国理念和中国方案，这是大变局下掌握国际传播主动的根本所在。对外宣介习近平新时代中国特色社会主义思想、构建人类命运共同体理念应贯穿国际传播工作

---

① 赵佃龙.大变局下中央企业需要扛起国际传播的政治担当［J］.当代世界，2022（3）：70-75.

始终。向国际社会宣介中国共产党一个多世纪以来艰苦奋斗、砥砺前行的光辉历程，是塑造和传播中国共产党国际形象的关键契机，有助于世界各国更多地了解中国共产党。姓党为党是中央企业不变的政治底色。中央企业在不断走向国际市场、建设具有全球竞争力的世界一流企业、努力做大做强做优自身的同时，在国际业务开发中必须提高以实际行动宣介中国和中国共产党、加强国际传播能力建设的政治站位和政治自觉。

再次，这是中央企业自身发展的现实需求。随着中国国际地位不断提升，中央企业在国际市场的体量和影响也越来越大。国际社会对了解中国共产党、中央企业本身以及中央企业与中国共产党之间的关系等多方面的兴趣和需求日益强烈。作为中国共产党领导下的中央企业，应有信心采取有效策略和得体方法回应国际关注，积极宣传和介绍相关情况。

最后，中央企业的国际化发展不仅需要在经济领域取得成功，还需要在国际传播中树立良好的形象。随着中国在全球经济中的角色越来越重要，国际社会对中国的关注也越来越多。了解中国共产党和中央企业的关系，有助于国际社会更好地理解中国的经济政策和发展模式。因此，中央企业需要通过多种渠道和方式，如参与国际会议、发布企业社会责任报告、开展文化交流活动等，来展示中国社会和文化环境下，企业发展成就和企业文化的独特魅力。此外，中央企业还应加强与国际组织、非政府组织以及当地企业的合作与交流，增进相互了解和信任。通过这些努力，中央企业不仅能够提升自身的国际竞争力，还能为国家形象的塑造和国际传播能力的提升做出积极贡献。

当今世界正处于百年未有之大变局，人类文明发展面临越来越多的问题和挑战。中国着眼人类前途命运和整体利益，因应全球发展及各国期待，继承和弘扬丝路精神这一人类文明的宝贵遗产，提出共建"一带一路"倡议。这一倡议连接着历史、现实与未来，源自中国、面向世界、惠及全人类。"一带一路"倡议是构建人类命运共同体的重大实践，而企业是"一带一路"倡议之中的重要主体。2021年11月19日，习近平总书记在第三次"一带一路"建设座谈会上强调："要营造良好舆论氛围，深入阐释共建'一带一路'的理念、原则、方式等，共同讲好共建'一带一路'故事。"中央企业是"一带一路"倡议实践的"主力军"，中央企业在海外各类优质项目是国际社会观察和认识中国的重要窗口，其与当地经济和民生高度关联，能有效促进当地经济发展、带动社会就业、惠及当地民众，同时有利于建立起人性化、有温度的正面形象。能否在项目所在国长久扎根发展，与当地民众及国际社会对企业的主观认识分不开，中央企业的国际传播是海外公众认识中国的重要渠道之一，是企业品牌国际化的需要。因此，主动弥合认知偏差，加强国际传播工作是中央企业深耕国际市场、深度参与"一带一路"倡议、维护我国海外国有资产安全和保值增值及实现自身发展的现实需求。

第三节　新时代中国企业国际传播特殊性

一、企业作为国际传播主体的分类和特征

企业是营利性组织，区别于政府和其他社会组织。对于作为国际传播主体的企业，可以采取两种分类方法。从企业参与国际传播活动的范围和程度出发，可以将企业划分为跨国企业和非跨国企业。非跨国企业泛指所有的国内企业，其市场和用户主要分布在一国范围内。当然，随着国家开放程度的提高，这类企业也会产生拓展国际市场、向国外输出产品和服务的需要，即参与国际传播活动的需要[1]。无论规模大小，这类企业都有一定的外向拓展需求。然而，由于受到市场因素和宣传成本的制约，它们通常不会在较广泛的范围内持续开展品牌推广和形象塑造活动，而是根据市场

---

[1]　程曼丽.国际传播学教程［M］.2版.北京：北京大学出版社，2023：84.

动态和预算情况灵活调整策略。因此，此类企业的国际传播行为往往呈现出阶段性和偶发性特征。

跨国企业是指在两个或两个以上国家设立分支机构、子公司或关联企业的企业实体，是一种国际性营利组织。这些企业在总部所在国家以外的其他国家开展生产、销售、研发等经营活动，通过全球资源配置和战略布局，实现规模经济、范围经济和市场扩张。跨国企业本身就具有超越国家的性质，因而它所具有的信息传播活动带有国际传播和全球传播的特征，无论是企业内部的信息流动抑或对外的广告、公关宣传，企业均需将国际传播作为背景考量。因此，跨国企业的国际传播活动不是阶段性和偶发性的，而是持续性的，跨国企业进行的跨国交流活动，是全球信息流通系统不可或缺的一部分。

还有另一种企业划分的角度，从企业属性出发，可以将企业划分为媒体企业和非媒体企业。媒体企业是以内容创作与传播为核心业务的企业，通过新闻、影视、音乐、文字等多种形式的信息传播来满足社会的信息和娱乐需求，媒体企业高度依赖传播技术，如印刷、广播电视和互联网。与之相对，非媒体企业则不以开展媒体业务为核心，两者在业务范围、社会角色和技术依赖上存在显著差异。具体而言，企业也可以按照上述标准再次划分为跨国媒体企业和非跨国媒体企业。非跨国媒体企业是指经营范围限于国内的媒体企业，其特点主要在于，大多具有生产文化产品和公共信息载体的双重属性。第一，由于它们的传播内容和传播行为直接关系到国家稳定和社会发展大局，政府必然通过法律法规、许可证制度以及内容评价制度等对它们进行监督、管理。这就使它们区别于其他以生产物质产品为主的、单纯营利性的企业。第二，这类媒体原本存在对内传播和对外传播两种职能。在国际传播的早期阶段，二者泾渭分明，互不交替。随着传播技术的进步，特别是互联网出现以后，对内传播也逐渐具有了跨国传播的色彩，两种职能的界限也就因此变得模糊起来。第三，国内媒体对外传播的信息大都具有较强的国家色彩。在对外传播中，尤其在非常时期的对外传播中，媒体常常不是作为传播主体，而是作为信息载体发挥作用，在传播什么以及如何传播方面，政府拥有决策权和主导权。

跨国媒体企业具有跨国企业的一般特征，指在多个国家运营的媒体机构，通过互联网、广播、电视、印刷等多种传播手段，向全球受众提供新闻、娱乐、教育等内容。这类企业不仅在母国拥有核心业务，还在其他国家设立分支机构或子公司，以实现内容的本地化和全球化传播。跨国媒体企业的核心特征包括：一是全球影响力，通过跨国运营覆盖不同国家和地区的市场；二是内容本地化，根据不同国家的文化和受众需求，调整内容策略以增强吸引力；三是技术驱动，利用先进的传播技术优化内容分发和用户体验。此外，跨国媒体企业还通过跨文化管理和资源整合，推动全球范围内的信息交流与文化传播。相较于非跨国媒体企业，跨国媒体企业提供了更多面向全球共性的内容和信息。比之一般的跨国企业，跨国媒体企业在国际传播方面的作用更加明显，在世界范围内能产生更大的影响。

二、企业参与国际传播的主要形式

在当今全球化的商业环境中，企业作为国际传播的重要主体，其传播行为不仅影响着自身的品牌形象和市场表现，还对国际市场的稳定和发展产生深远影响。企业通过多种方式参与国际传播，这些方式既包括传统的广告和公关活动，也涵盖了新兴的社交媒体和数字营销手段。作为营利性组织，企业最直接、常见的参与国际传播的方式就是商品贸易活动中的广告和公关行为。

（一）广告与营销活动

广告是企业国际传播的重要手段之一。企业通过在国际媒体上投放广告，向目标市场传递品牌信息和产品特点。例如，大型跨国企业常在全球主要市场投放统一广告活动，以增强品牌认知度。这种全球化的广告策略有助于塑造品牌形象，提升品牌在全球范围内的影响力。

与此同时，企业也注重广告的本地化。它们会根据当地市场的文化特点和消费习惯，定制个性化的广告内容。这种本地化策略不仅能提高广告的吸引力，还能增强与当地用户的共鸣。例如，企业可能会在广告中融入当地文化元素或使用当地语言，以确保广告信息被更好地理解和接受。此外，广告与营销活动的结合也是企业国际传播的重要策略。企业通过广告吸引用户关注，再通过限时折扣、赠品等营销活动激发用户购买欲望，实现从品牌认知到实际购买的转化。这种组合策略不仅提高了广告的转化率，还增强了用户对品牌的忠诚度。在国际传播中，广告的形式和渠道不断丰富。企业不仅利用传统媒体，还通过多种创新方式提升广告效果。例如，企业会与国际知名媒体合作，开展专题报道或品牌故事分享，进一步提升品牌的国际影响力。这种多元化的传播策略，能够帮助企业在国际市场上建立更广泛的用户基础。

（二）公共关系与媒体合作

公共关系在企业国际传播中扮演着关键角色，是企业实现全球化战略的重要支撑，也是企业在国际市场中建立信任和声誉的核心手段。国际性公共关系是指企业运用人际交往和大众传播手段，在目标国或国际社会进行的企业及产品形象宣传推广活动，其核心在于建立和维护企业在国际市场的良好声誉。通过系统化的公关策略，企业能够在全球范围内塑造积极的品牌形象，增强国际受众对企业的认知和信任。企业通过与国际主流媒体、行业权威机构、政府组织等建立战略合作关系，运用多元化的传播渠道向全球公众传递企业的价值观、文化理念和品牌形象。这种合作不仅能够提升企业的国际曝光度，还能借助合作伙伴的公信力和影响力，增强企业传播内容的可信度和说服力。企业还可通过参与国际公益活动、赞助国际体育赛事等方式，提升品牌在国际社会的影响力。这些活动不仅能够展现企业的社会责任感，还能通过国际化的平台与全球受众建立情感连接，进一步增强品牌的亲和力和认同感。

国际性广告和国际性公共关系虽然具体的目标和实现方式有所不同，但是它们同属于国际传播范畴，其共同点在于：它们都是跨国界的信息传播活动，都要借助传统媒体（如电视、报纸、杂志）和新媒体平台（如社交媒体、视频网站）进行传播，都需要考虑不同国家和地区的文化差异、语言习惯和法律法规等因素，以实现有效的跨文化传播和品牌价值传递。这种跨文化的传播策略要求企业在内容设计、传播方式和受众互动等方面进行精细化的调整，以确保传播信息能够被不同文化背景的受众准确理解和接受。因此，国际性公共关系不仅是企业国际传播的重要组成部分，更是企业在全球化竞争中赢得国际受众信任和支持的关键途径。

（三）社交媒体与数字营销

随着互联网和社交媒体的蓬勃发展，企业越来越多地利用数字化平台进行国际传播，这已成为全球化背景下企业拓展国际市场的重要途径。社交媒体为企业提供了与国际用户直接互动的机会，使企业能够跨越地域限制，与不同国家和地区的用户进行实时沟通。通过发布产品信息、用户评价和互动活动，企业不仅能够吸引用户的关注，还能深入了解用户需求和市场动态，从而精准调整传播策略，实现更高效的品牌传播效果。在国际传播中，社交媒体的多语言和多文化特性尤为重要。企业通过本地化的内容策略，能够更好地适应不同国家的文化背景，提升品牌的国际影响力。这种本地化策略不仅包括语言翻译，还涉及对当地文化习俗、用户偏好和社交习惯的深入理解，以确保传播内容能够引起目标受众的共鸣。此外，社交媒体的数据分析工具还能帮助企业深入了解用户行为和市场趋势，从而制定更加精准的传播策略，提升国际传播的效果。通过对用户互动数据、内容传播效果和受众画像的分析，企业能够不断优化传播内容，实现更高效的资源分配和更精准的受众触达。

社交媒体的即时性和互动性也为企业提供了更多创新的传播方式。企业可以通过直播、短视频、互动话题等形式，与国际用户建立更紧密的联系，增强用户的参与感和品牌认同感。同时，社交媒体的开放性和共享性使得用户生产内容（UGC）成为国际传播的重要组成部分，用户的自发分享和推荐能够进一步扩大品牌的传播范围，形成口碑效应。这种基于社交媒体的国际传播模式，不仅能够降低企业的传播成本，还能通过用户的主动参与，实现品牌价值的自然扩散。因此，社交媒体已成为企业国际传播不可或缺的工具，为企业提供了全新的全球化传播路径。

（四）企业社会责任活动

企业社会责任（CSR）活动是企业国际传播的重要组成部分，也是企业实现可持续发展目标的核心战略之一。通过参与环保、教育、公益等社会责任项目，企业能够向国际用户展示其对社会和环境的关怀，从而提升自身的社会形象，增强用户对品牌的信任和好感。在国际传播中，CSR活动具有独特的优势，它不仅能够传递企业的价值观和文化理念，还能通过实际行动展现企业对全球性问题的关注和贡献。这种基于社会责任的价值传播方式，能够超越商业利益的局限，在国际社会中引发更广泛的共鸣。

CSR活动可以帮助企业在国际市场上树立积极的社会形象，增强品牌的亲和力和吸引力。通过将社会责任融入企业发展战略，企业能够与国际社会的可持续发展目标相契合，从而赢得国际用户、投资者和利益相关方的认可。此外，企业还可以通过与国际非政府组织、政府机构以及当地社区合作，共同开展CSR活动，扩大活动的影响力和覆盖面。这种合作模式不仅能够整合多方资源，提升活动的执行效果，还能通过合作伙伴的网络资源，将企业的社会责任实践传播到更广泛的国际受众中。

通过持续开展社会责任活动，企业能够建立起良好的社会声誉，这种声誉在国际市场上具有强大的吸引力，能够帮助企业在激烈的市场竞争中脱颖而出。CSR活动不仅能够提升企业的品牌价值，还能增强企业的抗风险能力，尤其是在面对国际舆论压力或危机事件时，良好的社会责任形象能够为企业提供有力的支持。同时，CSR活动还能够促进企业与当地社区的融合，为企业在国际市场的长期发展奠定坚实的基础。因此，将CSR活动纳入企业国际传播战略，不仅是企业履行社会责任的体现，更是提升企业国际竞争力和影响力的重要途径。

（五）品牌合作和联合营销

品牌合作和联合营销是企业国际传播的另一种有效形式，也是企业在全球化背景下实现资源整合和市场拓展的重要策略。通过与其他品牌建立战略合作关系，企业可以共享资源、扩大市场覆盖范围，并提升品牌影响力。这种合作方式不仅能够帮助企业进入新的市场，还能通过双方的品牌优势，吸引更广泛的用户群体，实现品牌价值的协同效应。在国际传播中，品牌合作和联合营销具有显著的优势，能够为企业提供更高效的传播路径和更广阔的市场空间。通过与其他知名品牌合作，企业能够借助合作品牌的国际影响力和市场资源，快速提升自身的品牌知名度。这种合作模式不仅能够降低企业进入新市场的门槛，还能通过合作品牌的用户基础和渠道网络，实现更精准的受众触达。此外，品牌合作和联合营销还能够为企业带来创新的灵感和机会。通过与不同行业、不同领域的品牌合作，企业能够接触到新的技术、创意和商业模式，从而推动自身的产品创新和传播策略的优化。这种跨界合作不仅能够激发品牌的活力，还能为消费者带来全新的体验和价值。

品牌合作和联合营销的另一个优势在于其能够实现传播效果的倍增。通过整合双方的传播渠道和资源，企业能够以更低的成本实现更广泛的传播覆盖。同时，联合营销活动往往能够吸引更多的媒体关注和用户参与，从而进一步提升品牌的影响力和话题度。这种合作方式不仅有助于企业在国际市场上保持竞争力，还能为企业带来长期的发展动力。通过持续的品牌合作，企业能够建立起强大的品牌生态系统，从而在国际市场中占据更有利的地位。因此，品牌合作和联合营销不仅是企业国际传播的有效手段，更是企业实现全球化战略的重要推动力。

三、企业国际传播与我国海外发展与安全

（一）企业国际传播与我国海外发展与安全的关系

跨国企业既是国家海外利益的创造者，也是国家海外形象的载体和传播者，其身份和地位决定了其在国际范围开展商业活动时，既要维护企业的经济利益，又应承担相应的社会责任，使其生产经营行为合法合规，符合社会伦理规范和当地的法律法规，进而维护国家在海外的长远发展和安全[①]。随着全球一体化进程的深入，不同国家企业之间的联系更加紧密，相互依存，国家和市场边界逐渐模糊，技术的革新、竞争的加剧、市场的波动、全球气候变化等多种因素使得企业经营环境越来越复杂、多变，充满不确定性。

在这样的背景下，企业国际传播的重要性越发凸显。有效的企业国际传播不仅能够帮助企业在全球市场中更好地定位自身，提升品牌知名度，还能够在不同文化背景下建立信任和合作关系。这对于我国海外利益的发展与安全具有深远影响。一方面，通过积极的国际传播，我国企业能够在国际市场上树立良好的品牌形象，增强国际竞争力，从而创造更多的经济利益。另一方面，作为国家形象的传播者，企业的良好表现有助于推动国家形象建设，提升国家的国际声誉，增强我国文化软实力。同时，企业国际传播也是应对复杂多变经营环境的重要手段。在全球化的商业环境中，文化差异、法律法规的多样性以及市场动态的变化都要求企业具备高效的国际传播能力。通过有效的沟通策略，企业可以更好地理解不同市场的需求和期望，及时调整经营策略，确保其行为符合当地的社会规范和法律法

① 戴永红，付乐.国际传播赋能我国海外利益发展与安全：基于国家、城市、企业的三维视角［M］.北京：国际文化出版公司，2022：217.

规。这不仅有助于企业避免潜在的法律风险，还能够增强其在国际市场上的适应性和稳定性。此外，企业国际传播还能够促进知识和技术的交流与合作。在全球化背景下，企业通过与不同国家的合作伙伴进行沟通和协作，能够获取先进的技术和管理经验，推动自身的创新和发展。这对于我国企业提升核心竞争力、实现可持续发展具有重要意义。企业国际传播对我国海外利益的发展与安全具有重要影响。它不仅能够帮助企业在全球市场中取得成功，还能够提升国家的国际形象和影响力。因此，我国企业应高度重视国际传播，不断提升自身的传播能力和水平，以更好地应对全球化带来的机遇和挑战。

（二）企业生产经营与国家形象塑造

企业开展跨国经营的目标之一是获取海外经济利益，但跨国经营面临着政治、文化等多重风险，企业在谋求经济利益最大化的同时要充分考虑到自身行为对当地社会以及我国国家形象的影响。严格履约是企业形象塑造的重要内容，契约精神在品牌形象塑造过程中有重要的作用，企业在国际合作中要做好诚信守法的表率，并在国际传播中利用各类媒体讲好中国企业的诚信故事。在跨国经营中，企业的诚信故事和质量故事是塑造良好国际形象的关键。企业在面对挑战时，通过诚信和透明的沟通，能够有效地保护自身形象，并赢得国际社会的信任。质量是品牌的生命线。企业还需要注重产品质量和合规经营，要秉持精益求精的工匠精神，健全质量治理体系，提升质量治理能力，推动市场健康有序发展。通过建立强大的伦理和合规文化，企业不仅能够提升自身的品牌形象，还能够在国际市场上获得长期的竞争优势。

总之，企业在跨国经营中，不仅要追求经济利益，还要通过诚信经营、产品质量和合规管理，塑造良好的国际形象。通过讲好诚信故事和质量故事，企业不仅能够提升自身的品牌形象，还能够增强国家的软实力，为我国的海外利益发展与安全做出积极贡献。

（三）企业社会关怀与国际传播侧重点

企业对于社会的各个方面有着重要的影响，从社会关怀维度来看，公司以承担社会责任的形式来参与可持续发展，目标是改善社会和环境，因此评价一个企业是否承担良好的社会责任，要关心其对社会的贡献程度，以及其能否真正承担更广泛的社会角色，让世界变得更加美好等。促进当地就业、改善当地居民生活是衡量企业社会责任的一个方面，只有改善当地居民的生活、提高居民的生活质量，才能得到当地用户的接纳。

2015年，联合国通过了《2030年可持续发展议程》，其中包含17个可持续发展目标（SDGs）。这些目标旨在消除贫困、保护地球、减少不平等，并确保到2030年实现可持续发展。SDGs涵盖了经济、社会和环境三个核心要素，强调可持续发展需要在这些领域实现平衡。企业可持续发展目标（Corporate Sustainable Development Goals）是指企业在其运营中设定的与环境保护、社会责任和公司治理相关的长期目标。这些目标通常与SDGs相呼应，旨在通过企业的行动对社会和环境产生积极影响。

可持续发展目标为企业国际传播提供了一个全球性的指导框架，帮助企业设定与社会和环境可持续性相一致的发展目标。企业通过将可持续发展目标纳入其核心国际传播策略，能够向全球利益相关者展示其对可持续发展目标的承诺和行动，提升企业的国际形象和声誉。通过透明地报告其在可持续发展目标方面的进展，企业能够增强其在国际市场的信誉和声誉。例如，许多跨国企业已经开始在其可持续发展报告中纳入可持续发展目标，以展示其对全球可持续发展的贡献。可持续发展目标的实施能够吸引关注可持续发展的投资者。通过展示其对可持续发展目标的承诺，企业能够吸引更多的绿色投资，增强其在国际资本市场的竞争力。与此同时，可持续发展目标为企业提供了与国际组织、政府和其他企业合作的机会。通过参与全球可持续发展项目，企业能够扩大其国际影响力，提升其在全球市场中的地位。

（四）企业发展与国家长远利益

企业的海外发展战略应着眼于国家长远利益，在兼顾经济利益的同时考虑对接国家战略和国家的海外利益布局。企业的发展利益与国家安全利益密切挂钩，跨国企业海外经营应以维护国家安全利益为前提，平衡好经济利益和国家责任。当前全球单边主义、贸易保护主义抬头，逆全球化趋势升温，全球产业链、供应链面临重构，因而企业的发展道路与国家利益密切相关。各个国家间在高科技领域的竞争逐渐升级，跨国企业面临诸多挑战。

随着人工智能、云计算、大数据、互联网、物联网、区块链等技术的发展，数字化创新正推动着企业走向转型，一方面涉及业务及管理模式的创新，另一方面涉及国家资产及数据安全的保护。在互联网时代，数据已然成为数据产业发展的核心要素，成为平台企业保持和提高生态平台市场竞争优势的重要资源。中国国家信息数据安全面临着日趋激烈的国际竞争环境，网络空间主权范围内的安全保障面临着重大挑战。企业的跨国经营产生了数据安全风险的溢出效应，使得数据安全、网络安全的维护范围扩展到海外。互联网的发展使主权国家置身于一个没有固定边界的虚拟的信息世界之中，为此，国家不仅要维护传统边界的安全，还要维护互联网主权边界的安全[①]。我国企业在谋求自身发展和进行国际传播活动中，应对数据进行有效管理，维护数字化时代国家信息安全，将企业的发展利益与国家长远利益相结合，维护国家安全与发展。

四、企业跨国经营的文化风险管理

跨国文化风险管理问题是企业开展跨国经营的重要内容。文化差异是跨国企业生存与发展面临的重要问题，不但会影响到企业内部员工的沟通

---

① 余丽.互联网国家安全威胁透析［J］.郑州大学学报（哲学社会科学版），2015，48（2）：5-8.

交往，还可能成为企业外部投资的间接障碍，进而影响整个企业的经济利益。尤其是在跨国并购中，文化风险逐渐成为影响中国企业海外并购的重要因素。中国企业在跨国并购中的问题大多源于缺乏有效的文化整合和包括舆情监控、传播公关能力等在内的文化风险管理能力。"一带一路"倡议带动了大量中国企业走向国际市场，但"一带一路"沿线共建国家拥有不同的历史、文化、民族、宗教背景，"走出去"的企业在跨国经营时也面临着大量潜在的文化风险管理，企业应当关注文化差异，深入了解当地文化背景，合理规避潜在的文化风险。

第二章

国际传播基础知识体系搭建

第一节　国际传播的历史语境

早在1964年，马歇尔·麦克卢汉提出了"媒介即讯息"这一高度总结概论的论断，旨在阐释只有媒介本身才是真正有意义的讯息，即人类只有在拥有了某种媒介之后才有可能从事与之相适应的传播和其他社会活动。媒介最重要的作用是"影响了我们理解和思考的习惯"。同样，在人类国际传播的历史语境中，随着传播媒介的变化，国际传播产生、发展和演进的过程也相应发生了改变。本章将按照印刷媒体时代、电子媒体时代、卫星电视时代和互联网时代等四个媒介发展的历史阶段来详细阐述国际传播的历史发展。

一、印刷媒体时代的国际传播

在探索企业国际传播的历程中，我们首先回顾一下印刷媒体时代的国际传播。

18世纪末至19世纪中期，随着欧美国家工业革命的推进，印刷技术革新和交通工具的进步，现代印刷媒体（主要是报刊）得以大量复制和广泛传播，信息传递的速度和范围大大提升。这一时期，农村人口大量涌入城市，城市化进程加快，人们对新闻信息的需求日益增长。同时，经济的快速发展加强了各国之间的联系，国际信息的需求也随之增加。报业因此迎来了前所未有的发展空间：报纸印数和发行量激增，价格更加亲民，读者群体从特定阶层扩展到普通民众，呈现出大众化的趋势。

为了满足读者对国际信息的需求，许多报纸设立了专门的国际新闻栏目。由于报社缺乏自己的外派记者，大部分国际新闻来源于外媒，相互摘译、转载成为常态。以下是这一时期国际传播的几个特点。

第一，人际传播与媒体传播相辅相成，媒体传播速度受人的行进速度影响。虽然印刷设备的更新和传输渠道的建立使报纸成为国际信息传播的主角，但报纸的传递仍需依赖交通工具和人力。因此，印刷媒体对人的依赖性较强，信息传播的速度和范围受限于人的行动。

第二，在需求催生供给的背景下，国家间信息交流日益频繁。资本主义社会的开放性推动了跨国交流，工业革命进一步扩大了这种交流范围。为了开拓市场和了解海外情况，国际信息传播变得更加频繁，定期传播渠道的建立保证了传播的持续性。

第三，随着传统口口相传式人际传播方式逐渐被取代，新闻传播相关的职业群体应运而生。报业的发展促使与媒体相关的专业机构和职业群体崛起，包括记者、排版、印刷、发行、投递等人员。这些专业化分工提高了传播效率和水平，为媒体独立从事国际传播活动奠定了基础。

总结来说，印刷媒体时代国际传播的最大变革是报纸从人际传播的附属品转变为国际传播的主力。然而受限于印刷媒体的特点，报纸的信息传播依赖于交通工具和人力，从而导致信息失真、失效的风险。在如战争、灾害、政局变动等特殊情况下，这种传播方式可能会中断。这正是印刷媒体时代国际传播的局限性[①]。

二、电子媒体时代的国际传播

（一）电报的革新

电子媒体时代的序幕，由电报的发明及其广泛应用拉开。虽然电报本

---

① 程曼丽.国际传播学教程［M］.2版.北京：北京大学出版社，2023：24-28.

身不是大众传媒，但它为大众传播提供了迅速而有效的通信手段。新闻通讯社以采集和提供新闻为核心职能，便是在电报技术的推动下诞生和发展的。最初，国际电报的传输受到国界限制，需通过边境交换站中转。为了促进国家间的电报业务协调发展，1865年多国代表在巴黎成立了"国际电报联盟"，并签署了《国际电报公约》，确立了统一的技术和行业规范，标志着国际传播走向正规化。这一时期，国际传播呈现出以下特点。

第一，信息传播摆脱人力中转，成为独立的传播主体。电报的出现，使得信息传递不再依赖人力，实现了直接、连续的传播，从而确立了报纸作为国际传播主角的地位。

第二，传播速度大幅提升，为国际传播的规模化奠定了基础。电报相较于传统交通工具，极大地缩短了信息传递时间。从有时候一个传播过程甚至需要几个月的时间变成了瞬间传输，传输单位缩短为分与秒，实现了信息传输的质的飞跃，开启了高速通信时代。

第三，新闻通讯社开始兴起，职业化水平不断提升。随着电报技术的发展，国际传播的记者队伍扩大，硬件设施完善，专业化水平不断提高。

总之，电报的出现对国际传播具有革命性意义，它使得远距离信息传输瞬间完成，不再依赖交通工具和人力中转。然而，电报形式也存在局限性。例如，早期电报传输过程易中断，导致记者必须将最重要的信息置于文稿开头，从而形成了"倒金字塔"的写作模式；在战争和设备稀缺的情况下，远距离信息传输面临难以逾越的障碍；另外，电缆作为物理实体，容易被人为破坏。

（二）广播的崛起

广播的出现，将国际传播带入了现代化发展阶段。在无线电广播技术中，短波对国际传播具有重要意义。许多国家利用短波开办国际广播，传递信息至其他国家。国际广播迅速引起各国政府重视，成为政治、外交斗争的工具。除了政府开办的电台，还有商业、宗教和秘密电台。这一时期，国际传播的特点包括以下几点。

第一，信息的传递环节减少，接收者不再是通讯社的电报或电传机解码员，而是最后的终极受众。广播通过无线电波直接传递声音信号，无须中间环节，提高了信息的真实性和时效性。

第二，传播形式从文字转向语音，国际传播影响力大幅提升。广播传递的声音信号，能够展现传播者的语调和语气，甚至现场气氛。相比于文字形式，更加增强了国际传播的感染力。

第三，各国政府高度重视，出现了专门的国际广播频道。国际广播成为政府对外传播、树立国家形象的重要工具，专业性的技术人才，包括国际记者，不同语种的翻译、编播人员等应运而生。

总的来说，无线广播开启了国际传播新时代，减少了传播障碍，提升了速度和范围。但其局限性也不容忽视，如短波接收质量受多种因素限制，需要租用发射台和建立转播站，这涉及复杂的国际关系问题。此外，尽管无线通信比有线通信具有更多优势，但它仍无法摆脱或消除使用相同或相近频率的其他信号的干扰。

（三）电视的登场

电视，作为20世纪人类最伟大的发明之一，通过光电转换系统传递图像和声音信号，具有生动、直观的特点。电视的出现，深刻改变了国际传播的形态和内容。电视与广播虽同属电子传媒，但作用大不相同：广播是"耳听"，电视则是"眼见"。所谓"耳听为虚，眼见为实"，广播在国际传播中的优势逐渐被电视取代，成为电视媒体的补充。这一时期，国际传播的特点表现为以下几点。

第一，传播内容多元化，宣传色彩逐步淡化。在第二次世界大战和冷战时期，由于战争敌对国和东西方两大阵营的对立，国际广播几乎仅传播政治信息，且带有浓厚的宣传和意识形态色彩。电视的出现填补了广播只能传递单一声音信号的空白，展现了更复杂、更客观的信息。而随着这些政治、经济、社会、文化等多元信息的展示，宣传色彩开始减少。

第二，传播语言由政治化向中性化转变，覆盖受众更广泛。如前所述，广播传递的声音信息通常带有传播者的主观色彩，作为一种宣传手段，它往往只被同一政治阵营的听众接受。而电视的画面语言相对中性，更容易被不同政治阵营的人接受，这促使国际层面的信息传播采用带有共性的语言符号和技术标准，以便信息在全球范围内流动。

第三，随着国际新闻需求的增加，专业化的国际电视频道出现。例如，1980年成立的美国有线电视新闻网（CNN）是世界上首个24小时连续播出电视新闻节目的电视网，它最初向美国和拉丁美洲的有线电视网播送新闻，随后业务逐步扩展到欧洲、亚洲和其他地区，频道数量也在不断增加。

第四，传播控制手段从广播时代的信号拦截转向更为策略性的舆论控制。比如在第一次海湾战争期间（1990—1991年），美国采取了限制性的舆论控制方法，由军方统一报道口径和发布新闻。军方提供给新闻网的是经过剪辑的轰炸录像，美国大部分媒体据此进行报道。

尽管电视凭借声像兼备的优势成为国际传播的强势媒体，但它也有局限性。首先，世界各国使用的电视传输系统（制式）互不兼容；其次，电视信号长时间依赖地面微波传输，受地球形状影响，其直接传输距离有限，要扩大传播范围，就需要设立多个中继站[①]。

三、卫星电视时代的国际传播

在国际传播的发展历程中，卫星电视的出现具有里程碑意义，它实现了全球观众同步收看同一电视节目的可能，极大地促进了国家间、地区间以及洲际间的即时节目传播，为国际传播在全球范围内的展开提供了必要条件。区别于前文电子媒体时代提到的普通电视，卫星电视在信息传播上主要具有以下特点。

---

① 程曼丽.国际传播学教程［M］.2版.北京：北京大学出版社，2023：28-40.

第一，卫星电视标志着电视信号传输从陆地转向太空的巨大飞跃。在此之前，电视节目依赖地面微波传送，受地球曲面限制，传输距离有限，通常在40千米—60千米之间。卫星电视利用太空技术，通过卫星上的转发器接收并放大微波信号，再发射至预定区域的地面站和电视台，从而克服了地面微波传送系统的诸多局限，如建设成本高昂、中间环节繁多、覆盖面有限等。这一变革引发了各国对越界电视信号控制与管理问题的极大关注。

第二，卫星电视的兴起逐步推动国际传播走向全球化。卫星直播电视的出现，使得电视观众不再局限于特定国家和地区，麦克卢汉的"地球村"构想，即"天涯若比邻"的理念，在很大程度上得以实现。即卫星电视使得世界变成了一个"村落"。在这个"地球村"中，人们能够实现真正意义上的"信息即时共享"，并对重大事件形成全球性的关注。1991年海湾战争期间，美国有线电视新闻网的实时报道即为明证，其24小时不间断的战争报道让全球观众得以即时了解战况，体现了信息即时共享的"地球村"理念。

第三，卫星电视传播使得全球被视为一个整体，传统的国界概念在信息传播中变得模糊。与地面微波传送时代不同，卫星电视传播不涉及在他国领土建立中继站的国家主权问题。根据国际条约，外层空间不属于任何国家管辖，因此卫星电视传播具有天然的国际化特征。这一领域的法律规范由国际空间法调整，进一步强化了全球作为整体的传播观念。

第四，国际通信卫星组织的建立促进了信息传播统一标准的形成。在卫星传播时代之前，尽管各国的电视传播与接收采用了不同的制式标准，但由于电视信号的转播而非直接接收，这一问题并未造成显著影响。而在卫星传播时代，为合理利用有限的卫星轨道资源，统一的规范与标准成为必要。国际通信卫星组织通过国际协定，协调不同卫星系统，确保技术兼容性，从而推动了全球电视传播的标准统一。

结合上述特点，卫星电视对国际传播产生了根本性的影响，主要表现在以下方面。

第一，技术发展逐步消除了全球范围内的传播障碍。卫星通信技术的发展和统一技术标准的确立，使得传播障碍大幅减少。国际通信卫星组织的协调作用，促进了不同卫星系统间的合作，甚至超越了冷战时期的意识形态障碍。同时，高清晰度电视（HDTV）的开发和数字卫星电视技术的应用，正在扩展电视新闻的采集和覆盖范围，增加频道数量和节目容量，提升电视信号的传输质量，使画面更加清晰，标准化程度更高。这些技术进步为电视信号在全球范围内的无障碍传播提供了强有力的支持。

第二，各国政府日益增强参与国际传播的自主意识，利用卫星电视展示国家形象。从20世纪90年代起，各国纷纷发展卫星电视，将其作为对外传播和塑造国家形象的重要手段。通信卫星的使用使得全球电视观众数量持续增加，并呈现出一体化的趋势。这使一国政府的对外传播能够在全球性的信息平台上进行。

第三，传播界限的进一步消除，推动了国际传播政策、法律、文化等研究的全面展开。卫星通信技术带来了新的问题，如卫星轨道分配、频率及波束分配、电视制式不统一及制式转换等，这些问题引发了国家间的政治、经济、社会议题。一些国家不希望在自己的国土上接收邻国的卫星电视节目，因此限制卫星电波的"溢出"；有些国家要求保留卫星轨道上的位置以备未来使用；还有些国家关注电视节目版权的法律保护和付费问题；许多发展中国家对西方国家，特别是美国电视产品的倾销表示不满。这些问题引起了全球范围内的广泛关注，并成为学者们研究的重要课题。

第四，国际传播成为"信息时代"的传播形式，对每个国家产生整体性影响。在卫星通信技术、数字技术和网络技术的共同作用下，国际传播呈现出全球一体化的趋势，成为信息时代的重要特征。在此之前，国际传播主要指一国信息的对外传播，每个国家都有主要用于国内传播的媒体和专门负责对外传播的媒体。然而，信息时代的到来使得这一界限变得模糊，许多国家的重要媒体都具有了国际传播的特性，如美国有线电视新闻网、英国广播公司（BBC）、日本广播协会（NHK）等。这意味着，无论"内"

还是"外",每个国家都成为国际传播整体的一部分,国际传播也因此对每个国家产生整体性影响。

总结来说,尽管卫星电视通过空间技术实现了国际信息传播的同步化与无障碍化,但其功能的发挥仍需依赖地面站、当地电视台的支持,以及各国政府对于安装卫星电视接收器的意愿。卫星直播电视节目能否在全球范围内传送,也取决于各国政府是否允许安装卫星电视接收器,这同样涉及通道的控制与管制问题[①]。

四、互联网时代的国际传播

传播技术的发展历程,从印刷媒体到电子传媒,再到数字化技术的飞跃,每一阶段都是一次重要的进步。然而,报纸、广播和电视的发展主要局限于媒体形态的演变。与之不同,互联网不仅改变了信息的接收方式,更深刻地影响了社会的生产、流通方式以及人们的精神生活,引发了一场传播领域的革命。

这一革命性的平台,以其地空合一的信息快速通道,实现了高速度、大容量和开放式的信息传输。其存在使得信息传播无国界,任何拥有上网条件的人都有可能成为网络社会的公民,参与到国际传播的洪流中。本节旨在深入探讨在以互联网为代表的新媒体时代下国际传播的变化与特点,同时审视其带来的挑战。以下四个方面具体展现了互联网的作用及影响。

第一,互联网对社会生活产生了全方位的影响。作为一种国际性的信息网络,互联网连接了世界上绝大多数国家和地区,为不同地域、民族和宗教信仰的人们提供了广泛的交流平台。政府、民间机构乃至公民个人,均能成为互联网上的传播主体,传播内容也从政治交往和对外关系扩展到政治、经济、军事、文化等多个领域。

第二,互联网促进了各国以开放的心态面对全球化过程。随着互联网

---

① 程曼丽.国际传播学教程[M].2版.北京:北京大学出版社,2023:40-48.

在信息传播和国际政治、经济生活中的影响力日益增强，各国纷纷制定政策以推动网络经济的发展。从美国的科技投资到欧盟的大数据战略，再到亚洲国家如新加坡的信息技术发展，各国都在积极适应全球化的趋势。尽管发展中国家与发达国家在互联网开发和利用方面存在差距，但越来越多的国家开始投身于信息全球化的潮流，力求从信息弱势国转变为信息强势国。

第三，互联网对各国的传播控制构成了挑战。与传统媒体的"点对面"传播模式不同，互联网作为一个开放的媒体平台，其传播主体的广泛性和平台的个性化为不同思想、观念的传播提供了便利，使得信息监控和管理变得复杂。各国政府面临着一个共同问题：如何在保持与时俱进的同时，有效调整传播控制方式，以应对有害信息的冲击。

第四，互联网对原有的传播理论提出了挑战。网络传播作为一种全新的传播形态，与传统媒体时期的信息传播有着根本性的区别。在网络传播中，原本不确知、不确定的"大众"成为传播的主体，互联网则成为公共性的信息平台。这一转变使得"大众传播"的含义发生了实质性变化，从而对传播形态、传播过程控制、传播效果获得等方面产生了深远影响。这些变化与传播学理论形成时的环境和条件大相径庭，对新闻传播领域的研究者提出了新的研究要求。

互联网的出现对国际传播领域也产生了十分深远的影响。比如国际传播已不再是简单的国家间或部分国家间的传播，而是转变为全球一体化信息平台上的互动。以下为互联网时代国际传播的主要特点。

第一，国际传播的参与范围日益扩大。国际传播向全球传播的转型过程，实质上是世界各国和地区相继融入的过程。从两次世界大战期间的军事敌对集团传播，到冷战时期的意识形态对抗，再到发展中国家的逐步加入，国际传播的格局发生了根本变化。20世纪80年代以后，随着卫星电视的普及，以及90年代网络基础设施的建设，包括新加坡、韩国、马来西亚、中国香港、墨西哥、阿根廷等国家和地区在内的多元参与者，纷纷加入了国际传播的行列。特别是中国，在网络基础设施建设方面取得了显著成就，实现了与世界同步发展甚至在某些领域的领先。非洲国家也逐步接入互联网，智能手机的普及更是推动了当地信息生态系统的发展。因此，越来越多国家和地区的积极参与，成为互联网时代国际传播的显著特征。

第二，国际传播主体趋向多元化。传统媒体时代，受技术手段和条件限制，国际传播主要以国家为主体。而在网络传播时代，信息传播手段和过程的简化，使得多元主体得以并存。政府部门依然通过网络媒体提供政务信息、引导舆论，同时，企业、学校、科研机构、医院、军队等非政府组织和个体也成为传播主体。个人在网络传播中的角色尤为突出，不再仅仅是信息的被动接收者，还可以以传播主体的身份参与言论发表、意见形成，直接影响国际事件的发展及决策过程。这种从一元向多元的转变，是传播科技进步带来的重要变革。

第三，信息传播方式从线性到融合转型。在传统媒体时代，新闻信息的传播遵循线性模式，表现为单一媒体的单向传递。然而，新媒体环境下，媒体融合已成为行业发展的重要趋势。媒体融合不仅是报纸、电视、手机、电脑等多种传播介质的整合，而且涵盖了文字、图片、音频、视频等多种内容形式。其终极目标是打破技术和行业壁垒，构建一个汇聚全部信息资源的综合性大平台，为用户提供多样化的信息服务和沉浸式的互动体验。近年来，众多国家都在探索媒体融合之路。例如，美国的主流媒体如《纽约时报》（NYT）和美国有线电视新闻网（CNN）正致力于构建立体化的传播体系，推进新兴媒体建设，包括设立官方网站、创建网络电视，并与社交媒体平台如推特、脸书合作，利用大数据分析用户习惯，进行精准的新闻报道和广告投放。英国《卫报》提出的"开放式新闻"概念，强调了数字技术在共享开放数据源中的作用，推动了数据新闻的兴起，这一新生产方式和报道样态已被国际主流媒体广泛采用。在全球范围内，传统媒体的转型不仅是抢占新媒体平台，而且是追求新闻内容在跨媒体、多平台上的传播，以满足用户不断增长和变化的需求，从而彻底重塑信息传播方式。

第四，传播效果获得的直接性与即时性。传统媒体的信息传播是一个从传播者到受传者的线性过程，互动和反馈机制较弱，传播效果不易直接显现。互联网的出现彻底改变了这一状况。首先，从用户角度来看，社交媒体的实时性和交互性使得信息分享和意见交流即时发生，用户的观点能够迅速得到回应，传播效果的直接性得以体现。其次，从媒体角度来看，新媒体技术的基础使得新闻报道在范围、速度、手段上具有优势，能够实现场景化叙事，提供"零距离"的新闻体验，并能在公众监督下深入探究问题，增强了新闻报道的立体感和直观性。新媒体技术不仅最大化了新闻报道的效果，也激发了用户参与新闻报道的热情。最后，从政府管理者的角度来看，社交媒体的兴起减少了信息传播对传统媒体机构的依赖，使得舆论形成更加迅速和直接，对政府的信息发布和舆情管理提出了新的挑战。政府需适应这种变化，通过社交媒体及时了解民意，把握舆论走向，以优化政策。然而，网络舆情的复杂多变也为政府带来了巨大挑战。如果政府不能及时回应，可能会面临舆论压力，导致人们质疑其信息传播渠道的权威性和可信度。因此，在互联网时代，如何进行有效传播、降低传播负面效应，成为各国政府共同面临的课题。

综合上述，互联网时代的国际传播，以其全球性、多元性和互动性，重塑了传播领域的格局。企业在这一背景下的国际传播实践，需顺应时代潮流，把握传播主体的多元化趋势，充分利用网络平台，提升传播效果，同时也要面对传播控制、信息安全和舆论管理的新挑战[1]。

第二节　国际传播的理论范式

理论范式，简单来说，就是我们观察、描述、分析、解释、预测世界

---

[1]　程曼丽.国际传播学教程［M］.2版.北京：北京大学出版社，2023：49-58.

的一种思维方式。这种思维方式是分层次的，可以分为宏观、中观和微观。在国际传播研究中，主要有三种中观的范式，分别是技术主义范式、政治经济学范式和文化研究范式。这三种范式分别从物质技术、资本和政治、文化等三个方面来理解和分析跨越国界的传播现象。接下来，我们将逐一介绍这三种范式下的代表性理论。

一、技术主义范式

技术主义范式，就是用技术的眼光去看待世界和社会现象的世界观和研究方法。在国际传播领域，采用技术主义范式的研究者，主要关注科技如何影响国际传播，并据此预测其发展趋势。这个范式的核心观点是：全球化的发展离不开信息技术和传播手段的不断进步。其具体的国际传播理论包括信息自由流通理论和发展传播理论等。

（一）信息自由流通理论："荒诞的神话"

自第二次世界大战硝烟散去，全球信息传播的步伐不断加快，以美国为首的西方国家高举"信息自由流通"的大旗，主张信息应无国界地自由流动，反对任何形式的跨国管制和审查。他们认为，基于"自由市场"的原则，信息应该像商品一样，在全球范围内无障碍地传播。这种观点形成了信息自由流通理论，并迅速得到了联合国教科文组织的认同，最终被写入1948年的《世界人权宣言》。

信息自由流通理论的核心观点是将信息视为一种商品，将媒介（技术）作为载体和流通渠道。既然信息是商品，它就应该自由地跨越国界，在全球市场上竞争，以实现信息拥有者的利润最大化。该理论为西方国家媒体机构劝说发展中国家拆除贸易壁垒、推动媒体产品自由贸易、放宽跨国制作管制提供了理论支撑，使其行为合法化。例如，1994年美国提出的全球信息高速公路倡议，就是基于这一理论。世界贸易组织成立后，美国信息的全球传播模式成为自由贸易的标杆，信息自由流通理论也因此成为国际传播的一项重要政策。

在信息社会中，掌握信息即掌握权力。由于全球大部分媒体资源和资本集中在西方，西方国家自然拥有了全球信息的创造、发布和处置权。信息的"自由流通"自然有助于保证西方国家媒体对全球信息市场的持续影响力。事实也证明，西方国家倡导的跨国信息"自由流通"并未实现传播的平等，反而加剧了全球传播格局的不均衡，扩大了南北之间的"数字鸿沟"。这种"自由流通"并未消除第三世界与西方世界的对立，反而加深了这种二元对立，导致国际信息垄断的加剧和文化生产模式的单一化。

美国传播学者赫伯特·席勒深刻地反思了这一现象，他指出信息自由流通过去是、现在还是一个"荒诞的神话"。跨国信息流通并非在真空中进行，而是在充满权力关系的国际政治空间中展开。在这个过程中，存在"选择者"和"控制者"，既有跨国公司的积极参与，也有国家政府的强力介入和干预。所谓的跨国"信息自由流通"，实际上往往是信息从强势国家单向流向弱势国家。从本质上讲，信息自由流通理论是西方"新自由主义"话语体系的一部分，这套话语体现了全球化背景下自由市场意识形态的推广，其最终目的是维护西方媒体所有者及相关利益群体（包括西方国家、跨国公司、媒体业主和从业者等）的政治和经济利益。

（二）发展传播理论：获益的到底是谁？

发展传播理论，简单来说，就是认为国际传播对于第三世界的发展中国家来说，是实现现代化的重要途径。这个理论起源于西方的"现代化"理念，强调文化和传播在社会进步和变革中的巨大作用。它认为，通过国际传播，第三世界国家可以了解西方发达国家的现代化信息，包括他们的经济和政治模式，从而推动自己的现代化进程。这个理论在20世纪六七十年代初期就得到了国际社会的广泛认可，甚至联合国教科文组织也给予了支持。

在1958年出版的《传统社会的消失：中东的现代化》一书中，勒纳通过对土耳其和中东地区的媒体受众进行调查，提出了发展传播理论的核心观点：大众媒体是现代价值观的传播者，它像社会的"加速器"和"催化剂"，既能加速传统社会的解体，又能为现代化创造有利的文化环境。勒纳认为，受众与媒体接触得越多，就能越了解外部世界，摆脱传统束缚，走向现代生活。这种观点似乎描绘了一个美好的循环：都市化程度越高，识字率越高，媒体接触率也就越高，进而促进民众的经济和政治参与，推动社会进步。

发展传播理论虽然呼应了广大非西方世界谋求发展的现实，但也遭到学界的诸多质疑。一些学者认为，这并不是一个完全中立的理论，而是带有西方视角的偏见。比如，国际传播学者达雅·屠苏指出，这个理论实际上是西方用来引导新独立的亚洲、非洲和中东国家走向资本主义体系的一种手段。传播政治经济学者文森特·莫斯可更是直接指出，发展传播理论是一种权力话语，旨在将非西方世界纳入以西方为主导的全球体系。

实际上，一些发展中国家的学者也发现，西方提供的媒体建设援助并没有帮助他们实现真正的独立发展，反而加深了对西方的依附。真正从中获益的，不是发展中国家的人民，而是那些打着现代化和发展旗号，在第三世界扩张市场、寻找新消费者的西方媒体和传媒公司。

到了20世纪70年代中期，面对种种质疑，发展传播理论进行了一定的修正，形成了新发展主义观点。这个观点开始从单纯支持大众媒体转向盲目信仰新的信息与传播技术。当代的发展传播理论有了新的主导方式转变，呈现如下走向：从信息传播促进个体变革转向促进社会变革，从自上而下的信息和知识的扩散模式转向横向的生产信息和知识的参与模式，从信息问题的中性化转向权力问题的政治化，传播视域从国家视角转向社区视角。但无论如何，西方传媒技术对非西方世界发展至关重要的核心观点依然被保留。这种观点认为，现代化需要先进的电信传播和电脑设施，而这些最好通过"有效率的"私人公司来实现，从而将第三世界国家纳入全球信息经济的体系[①]。

二、政治经济学范式

政治经济学范式，就是从政治、经济即权力和资本关系的角度来看待社会现象的世界观和研究方法。在国际传播的研究中，采用政治经济学范式意味着我们会从权力和资本的角度来审视国际传播的不平等现象，并分析其发展趋势。这个范式的核心理念是，传播的全球化本质上是资本主义追求经济利益最大化的结果。其具体的国际传播理论包括传媒依附理论、媒介/文化帝国主义理论、传播世界化理论和跨国公共领域理论等。

（一）传媒依附理论：破坏发展的传播

传媒依附理论，是上述发展传播理论的对立面。它主张，国际传播或者说信息的跨国流动，非但没能推动发展中国家的社会进步，反而成了它们现代化的绊脚石。这个理论是依附理论在传媒领域的具体应用和拓展。

依附理论起源于20世纪70年代的拉丁美洲，它是一种新的现代化理论视角，专注于从经济和社会结构视角出发，分析不发达国家或"后发现代化"国家的贫困和发展问题，以及它们的国际关系。它提出了两个著名的假设来解释"欠发达"现象：一是全球存在着"中心—边缘"的结构，边缘国家依赖于中心国家，这种依赖关系使得中心国家得以快速发展，而边缘国家只能缓慢前进；二是如果边缘国家减少对中心国家的依赖，它们的经济发展反而可能会加快。依附理论认为，西方世界与第三世界国家的互动，导致前者的高度发达和后者的低度发展，这两者相互依存。

基于这个理论，传媒依附理论专注于跨国传媒集团的海外传播活动，探讨国际传播的过程、功能和影响。它揭示了全球范围内传播资源的不平等结构和不均衡秩序（现代传播技术、传播机构、传播能力、传播规范及

---

① 李智. 国际传播［M］. 3版. 北京：中国人民大学出版社，2023：27-33.

传播理念在全球范围内极不平衡的分配格局），以及这种不平等对发展中国家社会发展的负面影响。发展中国家的媒介对发达国家的依赖，加深了它们在经济和政治上的从属地位。二者传媒体系间的依附关系主要表现为以下四个方面。第一是传媒体制、结构和规范的依附。西方国家将商业化的传媒模式强加给非西方国家，不管这些模式是否适合后者，从而决定了边缘国家的传播态势。第二是传媒技术的依附，即"技术殖民化"。发展中国家要想进入全球信息传播系统，就必须依赖发达国家掌握的核心传播技术。第三是传播内容的依附。发达国家控制了传播技术的软硬件，也就控制了国际传播的内容和内容生产模式。第四是传媒资金和机构的依附。由于外资的介入，边缘国家的传媒所有权和控制权逐渐转移到中心国家手中，导致第三世界国家在信息主权和文化传播自主权上的丧失。

然而，辩证地看，传媒依附理论虽然揭示了中心与边缘国家之间的不平等关系，但它也无意中强化了这种二元对立，忽视了世界传播体系正在发生的"去中心化"趋势。一些发展中国家已经开始减少对发达国家的媒介依赖，实现了一定程度的独立发展。因此，传媒依附理论对国际传播前景的悲观预期，可能过于绝对，没有充分考虑到世界信息格局的变化和发展中国家自身的努力。

（二）媒介/文化帝国主义理论：不平等的传播

媒介帝国主义理论是帝国主义理论在传媒领域的应用和深化，它继承并发展了传媒依附理论。如果说帝国主义理论是国际政治领域的经典理论，那么媒介帝国主义理论就是信息时代的新帝国主义理论。这一理论由西方左翼传播学者提出，因其对弱势传播者的同情而受到第三世界国家的广泛认同。

媒介帝国主义可以理解为一种控制过程，其中一国媒体的所有权、结构、信息内容及其分发，都从根本上受到一个或几个其他国家媒体的外来压力。双方间的相互影响是不对等的，发展中国家受到的影响远超过它们对他国的影响。这意味着，发展中国家的大众媒介缺乏自主性，受制于世界政治经济霸权体系，所有的传播信息和流通都以霸权利益为主导。综合来说，媒介帝国主义是一套批评性话语，用于分析国际传播中信息流动的不平衡和单向性，以及由此产生的跨国性、全球性文化霸权。在这个理论中，虽然强势国家的媒介表面上不受政府直接控制，但实际上却充当了西方支配性意识形态全球化的代理人。它揭示了媒介与帝国的关系，即现代传播媒介如何成为帝国权力实践的工具，成为全球战略和政策的实施者。

与媒介帝国主义理论紧密相连的是文化帝国主义理论。这两个理论相辅相成，分别从经验层面和文本层面揭示了现代帝国主义的现象和逻辑。从现实层面讲，文化帝国主义是媒介帝国主义的必然结果，它从传播内容的角度理解媒介帝国主义；而媒介帝国主义则是文化帝国主义的表现形式，从传播渠道的角度理解文化帝国主义。事实上，媒介作为人们接受和体验文化的主要载体，一国媒介的全球统治必然导致该国文化的全球流行，而一国文化的全球流行通常是通过大众媒介实现的。文化帝国主义在传播学中常被用来描述全球文化传播的不平衡和压迫性现象，它批评的是发达国家与不发达国家之间在文化上的控制与依附关系，以及西方国家的文化和意识形态控制及其所产生的政治效应即文化权力关系后果。

尽管媒介/文化帝国主义理论自提出以来就受到多方面的挑战和批评，比如过分强调传播者（发达国家及其跨国媒介公司与大众媒介等）的主动地位和意识形态输出，忽视了国际文化交流中非国家行为的影响，以及在夸大文化文本作用的同时忽视了文本的开放性和受众的能动性。但它在解释当今全球传播时代文化跨国流动的现实方面，效力不容置疑。持续关注全球传播资源和内容的分配，努力争取平等公正的传播权利，仍然是这一批评性理论话语最有价值的思想贡献。

（三）传播世界化理论：取代传播的"全球化"

传播世界化理论，是对法国著名信息传播学者、左翼批判理论家阿芒·马特拉世界传播思想的一种理论指称。与此前提及的两个批判理论相较，该理论采取了一种既非西方中心主义亦非第三世界主义的独特立场，致力于捍卫文化价值观的独立自主、多元并存，并强调信息传播的共同参与性、多样性和差异性，从而构建了一个全新的世界化视角。

马特拉首先对"传播的全球化"概念进行了深刻的批判。他指出，"传播的全球化"不仅是一个纯技术推广的"物"的过程，同时也是一个资本与权力深度介入其中的"词"的过程——一部充满"思想和战略"的历史篇章。在这一历史进程中，技术逻辑必须服从于更为深远的社会和历史逻辑，而资本的力量正是推动和改变这些逻辑的关键。在全球资本主义的经济战争中，金融资本按照真实时间流动的全球化模糊了民族国家的边界，最终使跨国的信息传播新网络按照经济资本和文化资本的生产与分配重新分割世界空间。在全球传媒系统中，资本增殖的逻辑成为一致性的原则。在统一的资本和市场逻辑支配下，跨国公司生产的文化产品借助国际营销和广告的力量，畅通无阻地在全球范围内传播。同时，跨国信息传播的生产机制将信息接受活动简化为一种消费行为。由此，大众文化不仅是工业产品，也成为政治体系的重要组成部分，进而产生了"文化入侵"或"文化殖民"效应。在全球传播时代，文化问题演变为经济问题，同时也是政治问题。基于文化信息跨国传播的政治性，马特拉提出，20世纪80年代出现的"全球化"实际上是一个复杂的概念，它揭示了西方意识形态（尤其是"同质化的商业意识形态"，其核心是"商业表达的自由"）的全球传播，是一种西方同化非西方的全球化过程。全球化的目标是在"商业表达的自由"的旗帜下，让西方资本主义国家更深地渗透至全球每一个角落。因此，在"传播全球化"的进程中，传播不仅仅是信息和知识的传递，更是意识形态的扩张，承担着以西方价值观同化全球的整合使命。可以预见，这一过程不会带来统一的"世界文化"，而是全球文化碎片化的前奏。

在"世界化"的逻辑下，全球性的传播并不等同于全球化，更不是普遍主义的自由和平等。对此，马特拉主张用"传播的世界化"取代"传播的全球化"，以"世界传播"概念取代"全球传播"概念。相较于"全球传播"，"世界传播"更为超脱和无偏见，它剥离了政治权力的意识形态内涵，摆脱了国家利益和国际战略的束缚，实现了纯粹地理空间上的信息跨国自由扩散，从而凸显了全球范围内特殊的、个体的、独立自主的、民族的、本土的等诸多多样性的尊严和价值。在这一过程中，日常传播发挥着反制度性和去中心化的作用，使得世界文化不随商业逻辑而统一，而是在各国社会主体的消费中实现去地域化和再地域化，这是世界文化（不限于西方哪一种商业或市场文化）传播多元性和民主化的必然结果。为了实现传播的民主化，必须重构国际传播的等级体系。

传播世界化理论，作为一种反对保守全球化意识形态的声音，在广泛的传播政治经济学领域引起了学者们的强烈共鸣。例如，加拿大华人学者赵月枝提倡，人类应当努力实践一种新的、超越资本增殖逻辑的传播运作逻辑，满怀信心地迎接全球范围内新的民主化选择和表达时代的到来。

（四）跨国公共领域理论：一个"理想模型"

跨国公共领域理论，作为公共领域理论在全球视野下的应用与延伸，不仅继承了公共领域理论的核心理念，更在其基础上实现了创新与超越。该理论起源于20世纪90年代中期，在传播全球化的大背景下，针对跨国社会组织的探讨逐步深入，并在新的全球传播语境下，围绕跨国性公共领域的主题化研究而最终成型。

作为跨国公共领域理论的基础和原型，公共领域理论由法兰克福学派的哈贝马斯于1962年提出。所谓"公共领域"，是指一个既不受市场力量左右，也不受国家政府所限定或规范的社会生活公共空间。在这里，公民以平等主体的私人身份，通过公开（"不伪装"）、自由（"不受利益驱使"和"不被外力操纵"）的辩论，形成并不断重塑"公众意见"。简言之，它是一个以公民自由参与为前提，独立于政治和经济力量，致力于理性讨论和共识达成的自治性、民间性领域。公共领域的基本特征包括推理性和讨论性、批评性和批判性、平等性和开放性、公众意见的形成以及理性的守护与展示。

美国社会批判理论的重要代表人物南茜·弗雷泽指出，哈贝马斯的公共领域理论模型主要适用于单一国家社会内部的公共领域。然而，在全球化时代，当公共领域的范畴扩展至国际社会，跨国公共领域理论应运而生。所谓"跨国公共领域"，是指个人或集体在全球公共空间中的活动领域，他们通过多种媒介形式，如报刊、会议和网站，就全球性问题进行自由理性的对话，寻求共识，形成全球性的价值观和舆论。跨国公共领域是国内公共领域国际化、全球化的产物，它为全球性重大问题，如环保、人权、跨国犯罪、社会性别和种族平等等提供了一个广泛讨论的平台，并影响着全球舆论场。跨国公共领域理论的倡导者安杰拉·克拉克认为，哈贝马斯对"公共领域"概念的理解过于理想化，且对其衰落前景持悲观态度。跨国公共领域与单一国家社会内的公共领域不同，它呈现出多样性、非对等性、公私界限的模糊性以及对民族国家中心主义的超越。互联网作为一种新的传播技术，为跨国公共领域的平等对话提供了可能性，同时也使其在虚拟空间中展现出更大的开放性、多样性和自由性。

如同"公共领域"不能被局限于特定的历史形态上，而应被看作一个乌托邦式的"理想模型"，"跨国公共领域"同样如此。它不仅是对全球传播现实的描述和总结，更是一种价值规范，指引着我们追求社会理想。尽管跨国公共领域所需的三大结构性先决条件——强大的跨界传播力、政治权威场域的转移和跨国亲缘网络——在现实中难以完全实现，但它们作为批判性评估现实的指南，具有重要意义。作为评估和指导现有国际社会规则与制度安排的概念，"跨国公共领域"是一个更为理想化的"理想模型"。在跨国媒体组织和互联网技术的支持下，它所描绘的全球民主社会的政治目标正吸引着越来越多的社会组织和个人参与到全球倡议网络之中[①]

---

① 李智.国际传播［M］.3版.北京：中国人民大学出版社，2023：33-58.

三、文化研究范式

文化研究范式，就是一种将焦点放在文化生产、文化在场以及文化的接受（消费）上的世界观和研究方法。不同于政治经济学范式，文化研究范式认为不同生活层面的内容相互影响，不是决定与被决定的关系。在国际传播领域，文化研究范式的应用引导研究者从文化和符号的视角出发，审视国际传播中的不平等现象，以及跨国界的符号竞争和叙事博弈。其具体的国际传播理论包括文本研究理论、受众研究理论和全球性文化研究理论。

（一）文本研究理论：如何赋予文本意义

在文化研究领域的众多理论框架中，文本研究理论和受众研究理论尤为突出。这两大理论专注于文本分析与受众解读的探讨，它们关注的核心是文本如何向受众开放以及受众如何对文本进行解读，进而剖析文本的开放性和受众的主动性。

在文本研究的领域内，符号学扮演了至关重要的角色。符号学为文本分析提供了强有力的政治分析工具，它揭示了文本意义生成的机制，即文化意义如何在文本中产生和再生产。符号的解读或阐释过程，实际上就是意义的建构过程。符号学，也被称作表征理论，它关注的是如何通过象征符号（主要是语言符号）来替代和再现事物，即"表征"。符号学专注于对事物"赋予意义"的行为，探究人们如何赋予无意义的事物以特定意义，以实现事物的再现。正如霍尔所言，"表征是通过语言生产意义"，因此，符号学被誉为"关乎意义的学问"。

符号学理论源自语言学的发展。瑞士语言学家费尔迪南·德·索绪尔提出，语言是一个产生意义的"意指系统"。在这个系统中，语言要素被视为符号，由能指（符号的物理形式或所留下的"心理印迹"）和所指（符号的意义、观念或概念）构成。能指与所指之间的连接过程称为表意或意指，这一过程是任意的，意味着能指与所指之间的关系是人为构建的，而非自然或必然的。因此，符号或表征的意义并非固定不变，而是待建构且可转换的。

法国符号学家罗兰·巴尔特将索绪尔的符号学理论应用于社会领域，他认同索绪尔的观点，即语言的功能不是固定对象物的内在意义，而是定义人们想象中的意义。在此基础上，巴尔特提出了社会事务的"神话学"分析，将符号意指活动的社会性和人为性推向极致。神话式的表征通过强制性地将能指符号与某种意义（所指）联系起来，并将这种关联自然化为常识，成为我们理解世界的框架，也成为意识形态的一部分。

在神话学的支配下，巴尔特在后期从结构主义转向后结构主义（解构主义），他的符号意义观也从结构化走向相对化。在文本阅读研究中，他首次提出读者在阅读过程中拥有自由生产和创造意义的能力。读者的每一次阅读都是对文本所进行的一次游戏、一次生产、一次再创造，在这个过程中，读者获得了超越原初意义的无限快感，意义在阅读中不断游移、扩散、爆炸和自我颠覆。因此，文本不同于一般意义上的作品，它是多元的、开放的，是一种无尽的象征活动。基于此，巴尔特区分了"可读性文本"（意义受作者控制的封闭文本）和"可写性文本"（意义不确定、向读者开放的文本）。

（二）受众研究理论：从意义接受到意义生产

巴尔特的意义相对主义或建构主义观点深刻地塑造了文化研究理论的后期发展方向，基于"文化本身就是一种表意的实践，其决定性的产品就是意义"，并且"文本的意义是在传播系统中被决定的，而非由文本本身决定"。这意味着，文本的意义并非由传播者"传递"而来，而是由接受者（受众）在解读过程中"生产"出来。因此，文化研究理论越来越关注于分析受众在产制文本意义中的作用，尤其是在大众传播过程中文化产品的消费环节。

斯图尔特·霍尔深入研究了受众对文本（主要是媒介文本）的解读过程，即解码（受众接触文本信息、进行符号解读、解释其意义）过程。霍尔指出，受众的文本解读并非完全被动，由于符号的多义性和受众社会背景的多样性，他们对文本信息有着多样化的理解和解释。霍尔归纳了受众对文本信息的三种解码立场和策略：首先是"主导—霸权式解读"，受众完全接受编码者在文本中赋予的主导意义，解码与编码在意义上保持一致；其次是"协商式解读"，受众在编码者赋予的主导意义和自身的社会背景之间进行折中，解码与编码存在意义上的斗争和差异；最后是"对抗式解读"，受众对文本信息中的主导意义进行逆向解读，赋予文本全新的意义。霍尔认为，受众的不同解读方式是由其阶级立场和文化语境所决定的。在编码与解码的过程中，传播者和受众之间展开了"意识形态的角斗"和"符号或意义空间中的阶级斗争"，反映了社会中主导文化与从属文化之间的控制、妥协和对抗关系。霍尔的理论将媒介所创制的文本世界视为"意识形态的角斗场"，成为人们生存斗争的主战场。他的编码和解码模式被文化研究学派的成员广泛接受。霍尔的理论终结了"大众传播"时代对"被动和无差别的受众"的看法，取而代之的是在意义生产和消费链中积极的、活跃的、相对个性化的受众概念。

继霍尔之后，戴维·莫利基于电视受众的调查分析，进一步验证和完善了霍尔的"编码/解码"模式，指出电视受众在收视过程中并非完全被动，而是进行多方面的参与和有选择的接受，其中最重要的就是对电视节目中编码者有意预设的意识形态信息或隐含的主流文化价值观进行协商式或对抗式的解读。莫利的工作确立了受众研究的两个基本假设：受众具有主动性和媒介内容（文本）及其诠释具有多义性。文本的多义性来自读者的诠释过程及其语境。

在后起的文本和受众研究中，当代美国文化研究理论家约翰·费斯克利用"多义性"概念进一步提升了受众在文本意义生产中的主体性地位，将受众的能动作用发挥到无以复加的地步。他认为任何文本都是开放的，意义是多元的，允许不同社会地位和身份的受众生产出多重意义。费斯克在《理解大众文化》一书中提出"文化消费即为文化生产"的观念，以及"生产性文本"和"生产性受众"的概念，彻底转变了受众的身份，使其从"意义的接受者"变为"意义的生产者"。他认为受众有能力根据自己的文化背景和社会经验对文本进行解读，从而生产出属于自己的文化。

（三）全球性文化研究理论：主张文化多元主义

20世纪70年代以来，随着信息传播全球化的加速，文化产品的生产、分配、交换和消费日益融入这一全球化过程。跨国传媒集团的崛起导致了现代媒介的高度集中和垄断，垄断资本掌控着全球文化的生产和流通。同时，新的信息传播技术如环球广播、卫星电视、电影，尤其是互联网，不断创造新的全球受众，带来跨文化冲击和冲突的全球蔓延。在这样的文化传播全球化背景下，文化研究理论从一般意义上的大众文化研究扩展到全球传播语境下的大众文化研究，形成了全球性文化研究理论。

全球性文化研究理论认为，大众文化的全球传播不仅是文化霸权全球化的过程，也是全球各地的受众认同或反抗文化霸权的意识形态斗争过程。伊恩·昂的著作《观看〈达拉斯〉》是这一理论的代表作品。在1982年的受众调查中，伊恩·昂归纳了荷兰观众对全球热门的美国电视连续剧《达拉斯》的两种截然不同的意识形态反应：一种是"大众文化意识形态"，即以精英立场将某些文化形态贬低为"大众文化"的精英主义意识形态；另一种是"民粹主义意识形态"。前者在以高雅民族文化传统为荣的欧洲国家中流行，并在专业知识分子中得到制度化，而后者则基于"对文化形式与日常生活之间的连续性和结合的肯定、根深蒂固的参与欲望，以及情感的投入"。伊恩·昂指出，尽管大众文化意识形态在全球文化接受过程中占据上风，但民粹主义意识形态在文化实践中却意外地获得了胜利，因为受众自然地倾向于它，享受文化消费带来的快感。即使是受大众文化意识形态影响的观众，也会通过嘲讽的方式来调和他们对《达拉斯》这种"坏的大众文化"的快感体验与意识形态的矛盾。

在全球性或跨国性文化研究中，学者们集中批判了"文化帝国主义"命题。莫利将文本和受众研究引入全球性文化研究中，批判了席勒的"文化帝国主义"理论模式，指出受众的能动性和文本的多义性使得不同文化背景的人会根据自己的文化知识背景对外来节目进行多样化解读。

后殖民理论研究者爱德华·萨义德认为，文化是一个政治意识形态势力交锋的舞台。随着大众文化的全球传播和文化领域内的交锋日益跨国化、全球化，文化研究理论不断拓展其研究对象，探讨西方白种人对东方世界文本的神话式创制和移民与少数族群对西方文本的多样化解读中所蕴含的意识形态。

从方法论上讲，文化研究范式并没有拒绝历史实践和社会整体作为思考的依据，而是通过话语分析和文本分析来观照整个社会历史。它不仅限于阶级分析，还涉及性别分析、种族分析等社会权力关系。文化研究是一种严肃的理论话语实践形式，具有解放和重构世界的现实意义。

综合来说，无论文化研究呈现出何种取向，其终极目标都是基于"多元文化共存"即"文化多元主义"的世界各民族文化身份的建构和重构。跨国性文化研究的目的是通过对全球文化或跨文化传播现象的批判性解读，达到人类尤其是第三世界弱势民族解放的目的，对不均衡的文化传播国际化、全球化现象具有重要的阐释作用和解放功能[①]。

第三节　国际传播的典型实践

在国际传播这一广泛而复杂的领域中，其实践形式丰富多样，涵盖了信息传播、文化交流、媒体外交等多个维度。本节将致力于深入剖析并专

---

① 李智.国际传播［M］.3版.北京：中国人民大学出版社，2023：58-70.

注探讨两种特定的国际传播实践形式（公共外交和文化外交），旨在通过对中国在此领域的现状、挑战、实际应用案例，及国际上其他国家典型传播策略进行细致分析，为读者构建一个既全面又深刻的认知框架。这些特定的实践形式不仅生动展现了国际传播的多维度特性和高度灵活性，而且深刻揭示了在全球化大背景下，国际传播在国家形象塑造、国际关系网络构建以及文化软实力提升等方面所发挥的不可或缺的重要作用。希望通过本节内容的系统阐述与深度剖析，能够引发读者对于国际传播领域的更为广泛和深入的思索与学习。

一、国际传播的两种特殊实践形式

（一）公共外交：政府主导的对外公众互动

1.公共外交理论概述

"公共外交"这一术语起源于美国。1965年，美国塔夫茨大学弗莱彻法律与外交学院院长埃德蒙·格里恩首次提出了公共外交的概念。在此之前，英国将其称为"文化外交"，而中国则使用"国际交流"这一表述。弗莱彻法律与外交学院在教学中将公共外交定义为一种超越传统外交范畴的活动，涉及政府对他国民众的影响、两国间利益团体的互动以及信息流通领域工作人员的交流等。

公共外交与民间外交不同，前者是政府针对他国民众的外交活动，后者则是民众间的交流。与传统政府对政府的外交相比，公共外交采取间接方式，作为"隐藏的说服者"，能够在很大程度上改变他国的政治生态，推动有利于本国的政策产生。公共外交作为传统外交的重要补充，在国家战略中占据重要地位。约瑟夫·奈（Joseph Nye）认为，公共外交的价值不仅在于实现短期目标，还在于其潜力惠及所有国际事务，是实现长期战略目标的必要手段。

公共外交的特点包括以下几个方面。

第一，公共外交的客体是他国公众，随着通信技术的发展，公众能更快获取政府信息，包括外交信息。同时，公众、舆论、非政府组织参政诉求增强，通过各种方式影响政府决策。因此，本国需争取理解和影响他国公众，以改变他们的观念，进而影响他国外交政策。

第二，公共外交的主体是政府或由政府主导的组织。公共外交的主体必须明确，即中央政府或其授权的地方政府，非政府组织或个人，简言之，公共外交需由政府主导。若没有任何政府因素起主导作用，只是仅仅依赖于民间个人或非政府组织开展的对外交流活动，则只能被称作民间外交。

第三，公共外交的方式包括政府公关、文化外交和媒体外交等。公共外交是一种双向交流过程，旨在了解和理解他国公众，与其进行有效互动，提升其对本国的好感度。

第四，公共外交的核心追求是提升国家地位和影响力（知名度）、提升本国国家形象（好感度），形成他国对本国的认同感。评价公共外交的有效性，需综合考虑这三个层面的追求。

总结来说，公共外交是在政府主导下，针对他国公众进行的信息传播和文化交流活动，目的是增进其对本国的好感和认同，创造有利国际环境，实现外交政策目标和最大化国家利益。

2. 中国公共外交现状与挑战

自中华人民共和国成立以来，我国开展了多种形式的文化交流活动，旨在塑造良好的国家形象，增强国家吸引力。从中美"熊猫外交"到中日"兰花外交"，再到如今的中国文化节、文化年活动以及孔子学院的设立，都体现了中国公共外交中"文化传播"的特点。2000年，我国在美国举办了"中华文化美国行"系列活动，通过展览、演出和演讲介绍中国，吸引了超过10万美国各界人士参与。我国还开展了对法国、俄罗斯的"中国文化节"活动，展示了中国文化的内涵和魅力，加深了国外公众对中国的理解。

我国在公共外交中突出"文化传播"的原因：一是我国文化资源丰富，对外具有吸引力；二是在文化交流方面经验丰富，且这种方式灵活、有张力，易于与外国公众互动，不易受到政府或民众的控制或阻挠。在媒体传播方面，虽然我国努力打造能让外国公众"听得懂、看得到"的媒体，但全球有影响力的主流媒体大多由西方国家控制。由于信息传播的实力差距和西方的种族偏见，西方国家难以客观、真实地报道中国。虽然我国正在打造强有力的媒体，但在短期内以媒体为核心手段的公共外交仍面临诸多挑战。具体有以下几个方面。

（1）严峻的国际舆论环境

国际舆论环境由全球主流媒体针对各国状况及国际事务的报道和评论共同构成，当这些报道聚焦于某一国家时，便形成了该国家特定的国际舆论氛围。从当前现实来看，国际舆论环境对中国国家形象的塑造、外交工作的拓展以及国家的进一步发展均构成了显著的不利影响，"中国威胁论"频繁见诸世界各大媒体。目前，我国媒体在国际舞台上的声音尚显微弱，全球多数重要国际新闻由少数发达国家的通讯社提供。据统计，在美国主流媒体对中国的报道中，负面标题占比高达50%，中性标题约占25%，而积极意义的标题仅占25%；若按字数统计，负面报道更是占据了90%以上的篇幅，这主要归因于负面报道往往篇幅较长、字数较多，而正面报道则相对简短。这种报道倾向对我国的外交活动构成了不小的障碍。

随着国际形势的演变和国内经济的持续发展，中国所面临的国际舆论环境已发生较大变化。第一，中国在国际社会中备受瞩目，无论是外国政府机构还是社会公众，都渴望深入了解中国，各国媒体在新闻报道中纷纷增加了与中国相关的内容。第二，得益于我国对外宣传能力的逐步提升，尽管负面报道仍占据相当大的比重，但正面报道和客观叙述的内容正逐年增加。第三，关于中国的新闻报道中，官方消息和其他权威机构的信息被引用的次数也越来越多。然而，我们也应清醒地认识到，由于文化背景、意识形态等方面的差异，国际主流媒体在反映中国声音方面依然不够强劲，国际舆论形势并未发生根本性改变，中国在未来相当长的一段时间内仍将面临严峻的国际舆论环境。

（2）互联网的"放大镜"效应

互联网作为一种新兴媒体，其功能日益被公众所熟知和接受。其匿名性特征和宽松的讨论氛围使得其传播范围和社会影响力迅速扩大。近年来，随着互联网技术的不断发展和中国网民数量的持续增长，网络已成为民意表达和与政府沟通的重要渠道。网络意见受重视程度、信息反馈的真实性以及政府应对的态度都直接影响着政府的形象。

从积极方面来看，互联网作为新兴媒体，不仅可以全方位地传递政府声音、关注信息动态、监视政府危机处理的进展，还具有"传播器"和"聚集器"的特点，能够整合多种资源，对问题的解决具有积极的推动作用。

然而，从消极方面来看，互联网的"放大镜"效应使得许多公共事件被曝光和放大，负面影响迅速扩散甚至引发社会危机。在互联网这一虚拟平台上，人们的言论更加自由，国外舆论对中国公众的影响也越来越大。这对政府控制信息传播渠道的能力、应对信息的能力提出了新的挑战。一方面，信息管道的控制难度加大，导致小道消息和谣言泛滥；另一方面，信息回应速度要求更快，网络信息的传播速度极快，政府必须迅速获知信息、回应信息，并表现出良好的回应态度，以维护公众对政府的信任。

（3）信息不对称导致形象受损

无论是在现实生活中还是在网络虚拟平台上，信息不对称的现象都普遍存在。由于专业领域的划分，利益相关者之间的信息量差异较大，在信息不对称的条件下，如果地方政府不能及时公开真相、给予解释，将会引发公众的猜测和负面想象，进而损害政府和国家的形象[①]。

（二）文化外交：从"走出去"到"走进去"

1.文化外交理论概述

文化外交起初并非一个正式界定的概念，而是各国、城邦间一种自然

---

① 李珍晖.新媒体时代中国国际传播力研究［M］.北京：中国传媒大学出版社，2021：105-122.

而然形成的交往方式。时至今日，关于文化外交的定义众多，大致可归为两大类。一类是从文化服务于政治目标的角度来理解文化外交，将其视为一种服务于国家整体外交战略的手段。例如，李智提出，文化外交是通过文化传播、交流与沟通展开的外交活动，是主权国家利用文化手段达成特定政治目的或对外战略意图的一种形式。另一类则是从促进国际文化交流、增进相互理解的角度出发来把握文化外交。如美国教授卡明斯所言，文化外交涉及国家及其人民之间的观念信息、艺术及文化服务的交流，主要目的在于加强相互理解。

无论哪种类型，文化外交本质上都是一种思想外交、观念外交，它传递的不仅是单纯的知识和技能，更是一种价值观。唯有价值观能够触及人的灵魂深处，唯有价值观的转变才能带来态度和行为模式的转变。要影响他国民众的心态和他国政府的对外政策，就需要传播价值观。

作为国家的软性外交手段之一，文化外交具有不可小觑的重要作用。其作用首先体现在它能够提升国家的国际地位和威望；其次，它有助于缩减乃至消除国家间的思想隔阂；最后，文化外交活动的开展进一步促进了国家间的互信增强。

文化外交的特点包括以下几个方面。

第一，文化外交具有隐蔽性。这体现在目的的隐蔽性上，即国家以文化外交的名义，在文化互访和人员交流中实现特定的战略目标。近代西方的文化外交往往以传教为名义进行侵略，其中美国传教士尤为著名。

第二，文化外交具有思想性。这体现在它能够改变人们的思想观念上。从另一个角度来看，文化外交是一场攻心战，它不仅推动了国家间的文化交流，还促进了各国人民之间的心灵沟通，使国际关系提升到了一个新的高度。

第三，文化外交具有长期性。这意味着文化外交的实践过程相当漫长，无法在短时间内完成。20世纪20年代中期，美国卡内基国际和平基金会负责人尼古拉斯·巴特勒认为，跨国接触与交往能够使人们获得许多新的价值观和意识形态，进而改变人们的道德观念，使人们以国际性的视野正确处理现实文化问题。

第四，文化外交的依附性较强。文化外交并非一个独立的个体，而是具有很强的依附性，它依附于国家的硬实力。作为手段，文化外交受到政治因素和经济因素的影响，而外交对象的选择也深受政治、经济、意识形态等因素的影响。文化外交的这种依附性会随着外交格局的变化而变化。当外交格局以军事为核心时，文化外交只是一个载体；而一旦文化外交占据主导地位时，它也可以成为强有力的角色。

2.中国文化外交现状与挑战

自改革开放以来，中国经历了迅猛的发展，其经济与军事成就已有目共睹。然而，文化的发展需历经时间的积累，其步伐相较于经济与军事，显得相对迟缓。中国在经济与军事领域已逐步缩小了与西方国家的差距，但文化发展相对滞后及创新能力不足的现状，仍促使中国不断深化体制机制改革，着力培养高精尖人才，提升国家自主创新能力，以强化文化影响力和创造力。当下，中国政府正大力扶持文化产业，并将文化外交提升至与政治外交、经济外交并列的重要位置。

在对外文化传播的进程中，中国通过在世界各国设立的"孔子学院"，成功推广了中国文化，并赢得了众多国家的接纳与认可。孔子学院作为集教育、文化交流功能于一体的新型文化外交平台，不仅致力于汉语的传播，还承担着弘扬中华传统文化的使命。自成立以来，孔子学院的发展速度持续加快，规模日益扩大。据国家汉语国际推广领导小组办公室（简称"国家汉办"）的数据，截至2023年年底，全球已有284家中方合作机构和1266家外方合作机构在160个国家和地区共建孔子学院496所、孔子课堂757所。①孔子学院的诞生，标志着中国在新时代背景下成功迈出了"走出去"开展文化外交的步伐。作为传播中国传统文化与推广汉语的国际化平

---

① 马箭飞.不平凡的20年（孔院二十年）［EB/OL］.（2024-09-06）［2025-04-11］. http://paper.people.com.cn/hwbwap/html/2024/09/06/content_26079157.htm.

台，孔子学院在创建与发展的过程中，让中国传统文化中的"以和为贵"理念逐渐为世界各国人民所广泛接受与认可，成为塑造中国良好形象的有力工具。

当前，进一步展现良好的国家形象，是中国实现中国式现代化和推进中华民族伟大复兴的重要任务。文化外交的推进将有助于中国与世界各国的交流，并有助于树立中国的良好国家形象。与周边其他发展中国家一样，中国在经济崛起后，应当回归民族传统，从传统文化中汲取进一步发展的动力与支撑[①]。

二、其他国家的国际传播研究

（一）英美：主流媒体的转型特点

在全球传媒业中，传统媒体向新兴媒体的融合发展以及数字化转型的加速已成为共同的主题。英美传统主流媒体在转型发展中，主要目标是巩固其核心竞争力并发展新兴增长优势。具体可借鉴战略如下几个方面。

1. 从场景到智媒的转变

科技进步推动主流媒体转型，新技术的应用既是挑战也是机遇。面对科技企业强大的流量保障和技术优势，世界范围内众多主流媒体与科技公司合作，寻求数字转型的红利，以扩大收益，巩固用户基础。例如，Facebook的新闻快读（Instant Articles）功能迅速为《卫报》网站贡献了近20%的流量。同时，主流媒体也在考虑推送个性化内容，如《纽约时报》聘请哥伦比亚大学数学家克里斯·威金斯（Chris Wiggins）作为"首席数据官"，运用机器学习技术洞察用户需求。另外，在英美主流媒体的转型过程中，也广泛体现了人工智能技术的应用。美联社与科技公司Automated Insights合作，利用该公司的WordSmith平台自动编发内容，显著提升了产

---

① 李珍晖.新媒体时代中国国际传播力研究［M］.北京：中国传媒大学出版社，2021：123-140.

出效率。

2.从结构到管理的调整

近年来，新闻集团、时代华纳集团、论坛集团、华盛顿邮报集团等多家英美媒体集团在业务范围、组织架构、组成部门等方面进行调整，印刷等弱势部门多被集体淘汰。具体来说，《华尔街日报》依据业务流程和内容产品类型对组织架构进行了重组，以内容产品为导向，对业务流程进行了统一而彻底的改革。BBC实施了"1+1"人力资源制度，即每个项目产品由一个内容负责人和一个技术负责人共同管理，重要位置的招聘也需要两位负责人共同决策，这样从管理层面促进了内容与技术的融合。

3.从形态到话语的创新

在技术、算法和产品驱动内容生产的媒体时代，仅从"内容"出发已经不能满足新时期受众的需求。目前，传媒业不断探索的新主题是如何结合用户需求生产"内容产品"。BBC将所有节目和栏目统一命名为"产品"，这一更名背后的原因是"节目"或"栏目"的称呼缺乏新媒体的互动特性，BBC选择将它们统称为"产品"。在产品逻辑下，国外媒体内容生产的话语转变主要聚焦于"去中心化、社交驱动、数字优先"的理念。内容形态创新的核心在于移动性、视觉化和交互性。

4.从粉丝到付费的转化

通过"内容+服务"的模式，英美传统主流媒体建立了与用户之间的紧密联系。《华尔街日报》的用户在成为付费会员之后，不仅能够访问更多内容，还能激活"WJS+"这一免费附加的会员制计划，享受包括"生活类体验活动邀请、优质活动会议的邀请、与喜爱的编辑进行交流对话、获得免费旅行机会，或者是参观《华尔街日报》的新面貌编辑室，以及共同享用主厨晚餐"等独家服务。

5.从平台到入口的演进

在媒体平台阶段，媒介的主要功能是集成和传播信息。目前，英美媒体正积极推动从媒体平台向生活方式入口的转型。例如，美国全国广播公司（NBC）在2017年6月宣布了一系列子品牌计划，包括专注于科学领域的Mach、关注健康的Better以及专注于意见表达的The Forthcoming Think。《纽约时报》（NYT）的生活板块Cooking与外送品牌Chef'd合作，旨在建立一条完整的生活方式服务线。用户可以在Chef'd网站订购基于Cooking菜单的外送美食，从而为NYT网站引流，并可能在未来直接在NYT网站上购物[①]。

（二）德国：歌德学院的传播过程

1.歌德学院基础介绍

歌德学院，以德国文学巨匠歌德的名字命名。在德国外交的三大要素——对外文化、对外政治、对外经贸中，歌德学院作为德国对外文化政策的重要执行者，得到了政府的政策支持。德国驻华使馆文化处的墨沛德博士表示，德国在海外的文化工作主要依赖于歌德学院，使馆仅承担小部分办公职能。从2011年至2020年，歌德学院在全球98个国家设立了159个分支机构。歌德学院的前身为德国科学院的实践部，起初是一所德语语言学校。自1969年起，学校增添了文化交流中心的功能。受德国外交部委托，歌德学院主要负责教授德语、传播德国文化和提供咨询服务等。作为德国最大的文化中介机构，歌德学院同时也是一个独立的文化组织。为了改变两次世界大战中德国人"好战"的形象，德国政府选择不直接参与德语的国际推广，而是将歌德学院定位为民间机构。

2.歌德学院的语言和文化传播

歌德学院致力于语言和文化的传播，其组织结构包括总部、国内分院以及国外分院。作为一个语言推广机构，歌德学院拥有独立的教学场地，其教师团队由德国的大学生和经过正规培训的人员组成。歌德学院提供青少年德语考试、博思考试（商务语言测试）以及国际经济德语考试等多种

---

① 李珍晖.新媒体时代中国国际传播力研究［M］.北京：中国传媒大学出版社，2021：169-175.

考试。

歌德学院不仅教授德语，还开展了丰富多彩的德语传播活动。2009年，歌德学院（中国）启动了"学校：塑造未来的伙伴"（PASCH）项目，该项目由德国外交部协调组织，歌德学院、德国国外学校教育司、德意志学术交流中心等共同举办。项目的目标是建立1000所伙伴学校，并支持这些学校引入德语课程，以推动德语在中国的普及。

此外，歌德学院还重视提供资讯和咨询服务，包括邀请访问学者、翻译德语书籍、出版发行文化杂志等。在新媒体时代，歌德学院注重网络媒体的应用，为学生提供在线德语课程，学生可以通过互联网学习德国国情知识，进行语法练习，参与项目活动。

3.歌德学院可借鉴的经验

首先，歌德学院在海外的发展策略是随着国家外交政策的调整而灵活变化的，它在重点地区的设立和发展速度迅速，增减机构同样灵活。歌德学院在文化传播上集中力量、区分重点，并根据不同地区的文化特点来开展工作。

其次，歌德学院的管理体制具有其独特性。日常管理由董事会负责，董事会由2—3人组成，任期为5年，其负责人被称为总秘书长。董事会成员需获得外交部的认可，通常情况下受代表委员会领导，但在特定情况下，外交部可以直接向董事会下达指令。歌德学院慕尼黑总部设有代表委员会办公室和董事会秘书长办公室，并下设九大职能部门及一些小型独立机构。相比之下，我国的孔子学院在职责分配上，由院长负责日常运营和管理，中方院长在汉语教学研究与管理上发挥优势。作为海外孔子学院的代表，中方院长有权要求合作方遵守合作协议，确保当地孔子学院的运行不偏离其宗旨。

最后，孔子学院在独立教学场地方面依赖国外当地大学提供，而在经费保障和可持续发展方面，也应学习歌德学院，实施语言教学与贸易发展相结合的政策。歌德学院采用两种经济体系运行，国内分院按企业方式自负盈亏，主要依靠语言课程的收入；总部和国外分院则以事业单位性质运行，资金主要来源于联邦政府的拨款，仅有一小部分通过开设语言班和考试获得。德国外交部通过签订框架协议，调控资金和行政资源，实现对歌德学院的领导①。

（三）新加坡：基于国情的形象塑造

1.新加坡的国际传播形象基本介绍

新加坡作为全球最富裕的国家之一，以其独特的"国家资本主义"发展模式和稳定的政局、廉洁高效的政府而著称于世。在国内媒体发展方面，新加坡的大众媒体对政府政策的积极响应和配合，是其传播策略的重要组成部分。这些媒体不仅每日向公众传递大量信息，而且在重大议题上与政府的宣传口径保持高度一致。政府鼓励媒体积极反映民情，对政府工作提出批评和建议，自由地表达意见，但同时也反对媒体效仿西方新闻界的极端做法，如无端批评政府或仅专注于揭露丑闻。

在国际传播领域，新加坡精心塑造了一个"富裕国家"和"高公民素质"的积极形象。这一形象的背后，是新加坡独特的媒介制度和管理方式的强大支撑。比如新加坡对西方文化的渗透始终保持警惕，并通过法律和行政手段进行有效抵制。新加坡的文化多元且丰富，由于华人（尤其是闽南人）占据社会人口的大多数，加上政府自20世纪80年代起主导的"讲华语运动"，新加坡的文化中融入了浓厚的中国文化气息。新加坡也利用其国际传播渠道，有效地塑造了国家的正面形象。

2.新加坡传播政策的制定：基于国情的精准策略

在以华人为主的多元文化社会中，新加坡非常重视自身的独特性和多元性。"新加坡国父"李光耀深刻认识到保持文化多元性和防止西方文化殖民对新加坡的重要性。因此，自20世纪70年代末起，新加坡政府在全国范

---

① 李珍晖.新媒体时代中国国际传播力研究［M］.北京：中国传媒大学出版社，2021：175-179.

围内推行了"讲华语运动"，旨在防止社会过度西化，同时增强国家意识。

为了实现这一目标，新加坡政府在法律、行政、经济、教育、传媒等多个领域采取了一系列措施。在传媒方面，大众媒介被要求树立良好的社会风气，批评不良行为，大量进行正面报道。例如，媒体经常报道家庭和睦、尊老爱幼、助人为乐等正面故事，这些直接而略显稚嫩的宣传手段，在当时对新加坡社会的道德建设起到了积极的推动作用。

新加坡政府积极培育和发展媒体，目前拥有中文、英文、马来西亚文等多种语言的报刊、广播和电视。其中，《联合早报》已成为新加坡的重要媒体名片，其发行量高达20万份，并在国内外享有盛誉。《联合早报》对中国的发展持积极态度，在华人世界中具有很高的信誉。

新加坡政府还制定了一系列法律法规，如《不良出版物法》《报纸和印刷出版法》《电影法》等，以确保大众传播媒体不传播危害政府和政局稳定的内容，不违背东方价值观和国家利益。针对引进的图书、报刊和影视、音像节目，新加坡也建立了一套完善的审查制度和管理办法。

新加坡的这些措施，可以理解为一种"国家模式"的反抗策略。这种模式的特点是：动员国家力量，发展具有世界级影响力的媒体，如《联合早报》；政府与内部媒体联动，设定媒体议程，如"讲华语运动"；政府给予媒体政策和经济支持。中国等国家的媒体发展也采用了类似模式。

总体来看，新加坡的国家模式核心竞争力在于政府与媒体的紧密联动，其根本目的是以国家之力对抗西方传媒，提升传播竞争力。在新媒体迅猛发展的背景下，新加坡人在社交媒体上越发敢于发声。为适应新形势，新加坡信息通信媒体发展管理局自2013年6月1日起对新闻网站实施新的许可证制度，严格管理网络谣言，维护社会和谐与国家安全。这些措施表明，新加坡在国际传播领域的形象构建与管理策略，正在不断适应和引领时代的发展①。

①　李珍晖.新媒体时代中国国际传播力研究［M］.北京：中国传媒大学出版社，2021：179-185.

第三章

企业国际品牌形象塑造与传播

第一节　企业品牌塑造与国家品牌

企业品牌是企业在长期的经营过程中坚持的行为方式、企业愿景、价值观等，使得消费者对企业形成的企业文化感受。与同层次品牌存在差异化、可辨识的良好企业品牌文化，可以使消费者对企业品牌形成意识形态层面上的认同。企业品牌越来越成为中国国际形象塑造的重要载体，跨国公司的境外活动是国家形象的承载者和传播者，在公共外交中发挥着重要作用[①]。

一、企业品牌传播理论概述

（一）企业品牌传播定义

企业品牌是指企业通过名称、标志、符号、设计、口号等元素，结合其产品或服务的质量、性能、价值等，向消费者传递的独特形象和价值观念。品牌不仅是企业与消费者之间的识别符号，更是企业信誉、质量、文化和个性的综合体现。一个成功的企业品牌能够帮助企业在市场中建立竞争优势，增强消费者忠诚度，并提升企业的长期价值。品牌传播理论从20世纪50年代开始受到各国学者的关注，是市场营销领域的重要理论之一。

---

① 李志永. 企业公共外交的价值、路径与限度：有关中国进一步和平发展的战略思考［J］. 世界经济与政治，2012（12）：98-114，159.

（二）品牌形象理论

品牌形象理论（Brand Image）最早由大卫·奥格威（David Ogilvy）于1955年提出。奥格威认为，品牌形象是消费者对品牌的总体印象，企业需要深入了解消费者的需求和心理，以及品牌自身的特点和优势。通过广告、宣传和营销活动等手段，企业可以塑造品牌形象，从而增强品牌的认知度、美誉度和忠诚度。品牌形象不仅是品牌的标签，还反映了品牌的优势和内涵，能够迅速使消费者明确产品的定位，通过树立品牌形象，可以加深消费者对品牌的印象。

（三）品牌定位理论

品牌定位理论由美国著名营销专家阿尔·里斯（Al Ries）和杰克·特劳特（Jack Trout）提出。他们认为品牌定位是一种心理学概念，指的是顾客对产品或服务在市场中的印象和认知。品牌定位的核心在于明确品牌的差异化和竞争优势，从而在市场中塑造出独特的品牌形象和价值。品牌定位是企业进行有效宣传和长远发展的基础。企业在进行品牌传播时，应利用云计算、大数据等数字技术，精准定位与品牌相符的重点市场范围，并将重心放在实体经济和相关产品供应链上，以确保品牌传播的精准性和有效性。

（四）新媒体传播理论

新媒体（New Media）的概念由美国哥伦比亚广播公司（CBS）技术研究所所长P.戈尔德马克（P. Goldmark）于1967年率先提出。新媒体传播理论主要探讨互联网、社交媒体、移动通信等新兴媒介和技术在信息传播过程中的影响和规律。该理论关注新媒体对传统媒体、传播方式和文化观念的挑战，以及如何利用这些新技术改进传播效果和社会影响。新媒体的发展为品牌传播提供了更多选择空间。与传统的单向传播方式相比，新媒体传播具有传播速度快、受众面广、反馈效率高、传播路径多样等特点。这些特点使得品牌传播能够更有效地触达目标受众，并及时获取反馈，从而优化传播策略。新媒体技术的运用和发展在一定程度上拓宽了传播渠道，让品牌的传播能够向外延伸，进一步提升品牌的影响力和市场竞争力。

（五）整合营销传播理论

整合营销传播理论（Integrated Marketing Communications，IMC）最早由美国营销专家唐·舒尔茨（Don Schultz）提出。他认为企业应该将不同媒介、不同营销手段和不同部门的品牌传播整合起来，形成一体化的品牌传播策略。传递一致的品牌信息，以增强品牌影响力和市场竞争力。IMC的重要性在于确保品牌信息的一致性和连贯性，避免信息碎片化和混乱，从而提高传播效果。通过整合广告、公关、促销、社交媒体等多种渠道，企业能够更有效地触达目标受众，增强品牌的影响力和市场竞争力。品牌在传播过程中，可运用整合营销传播策略，融合数字技术与媒体宣传，拓宽传播路径，强化品牌建设，形成营销"组合拳"，在多种方式集合的基础上，对现有品牌传播方式进行优化，推动企业从单一战略层次向多元化联合战略层次发展。

二、国家品牌化发展历程

（一）国家品牌化概念的提出与初步发展

1996年，英国学者西蒙·安霍尔特（Simon Anholt）将品牌概念引入国家形象研究中，提出了国家品牌（National Brand）概念，认为一个国家可以基于营销思维在国际上塑造具有竞争优势的国家品牌，从而使别国民众理解并认同其输出的文化价值观，提升国家品牌的竞争力，继而形成具有国际影响力的国家形象。国家品牌理论认为国家品牌与企业品牌形象一样，对国家的繁荣发展至关重要，他在此后的研究中详细阐释了国家品牌指数（Nation Brands Index，NBI）用以测量国家品牌建设的情况①。保利娜·克尔（Pauline Kerr）在《全球化世界的外交：理论与实践》一书中也提到国家品牌的概念，书中她将国家品牌定义为"将公司营销概念和技术应用于国家，以提高其在国际关系中的声誉"②。安霍尔特的理论强调，国家品牌化不仅是宣传工具，而是一项长期战略，通过持续的全球传播来提升国家的国际竞争力和影响力。

（二）国家品牌化与软实力

约瑟夫·奈的软实力理论为国家品牌化提供了理论支撑。他指出，软实力是一种通过吸引力而非强制力影响他国的能力，其核心在于文化吸引力和价值观的认同③。软实力不仅包括文化，还涵盖政治价值观和外交政策。国家品牌化的一个重要目标是通过展示国家的软实力来增强其在国际社会中的影响力。通过品牌化策略，国家可以将自身的核心价值和文化资源整合成一个完整的形象，向全球传播。国家通过品牌化手段，能够向国际社会展示其政治、经济、文化等多方面的优势，进而影响他国对该国的认知和态度。

（三）竞争优势理论

迈克尔·波特（Michael Porter）的竞争优势理论对国家品牌研究产生了深远影响。他认为，国家的竞争力不仅体现在经济实力上，还包括文化、技术和创新等方面。国家品牌化的核心在于通过展示独特的竞争优势，增

---

① ANHOLT S. Beyond the nation brand: the role of image and identity in international relations exchange [J]. The journal of public diplomacy, 2011, 2（1）: 1-15.
② 克尔，怀斯曼. 全球化世界的外交：理论与实践 [M]. 张清敏，译. 上海：上海人民出版社，2021：124.
③ NYE J S. Soft power: the means to success in world politics [M]. New York: Public Affairs Books, 2004: 5-6.

强其在全球市场中的认知度和吸引力。国家品牌化与国家竞争力紧密相连，品牌形象不仅是国家文化或经济实力的外在表现，更是国家综合实力的象征。例如，德国通过"德国制造"展示了其在制造业和工程技术方面的领先地位，成为高质量和可靠性的象征[①]，其企业品牌打造也融入了德国工业精神与制造文明。

（四）品牌定位：国家品牌化的关键策略

凯文·凯勒（Kevin Keller）的品牌定位理论指出，成功的品牌战略核心在于明确品牌在市场中的定位。品牌定位能够帮助国家有效传递其核心价值与独特性，使受众在纷繁复杂的全球信息中迅速识别该品牌。同时，也有学者认为，国家品牌化的关键是通过整合传播策略，在全球范围内统一传递国家形象，以避免认知混乱。品牌定位不仅要明确国家的独特之处，还需要通过多渠道的传播方式，确保受众能够准确理解并接受这一品牌形象。在全球化背景下，品牌定位在国家品牌化过程中具有至关重要的作用。国家必须通过明确的品牌定位，确保其核心价值和形象被全球受众识别和接受。品牌定位不仅是对外展示的策略选择，也是国家在全球舆论场中建立认同感的重要步骤。例如，瑞士将其品牌定位为"全球金融中心"和"高端制造业"的代表，成功树立了独特的国家形象。

（五）文化品牌理论：文化与情感连接

道格拉斯·霍尔特（Douglas Holt）的文化品牌理论强调，成功的品牌不仅需要展示物质产品，更要与消费者的文化和情感建立深度联系。国家品牌化通过呈现国家的文化传统、价值观和当代文化创新，能够增强全球受众的文化认同感。国家品牌不仅要展现硬实力的成就，还需借助文化软实力与受众建立情感共鸣。例如，日本通过将文化传统与现代科技相结合，

---

① 范红. 中国国家形象国际传播的品牌化策略探讨［J］. 对外传播，2024（11）：49-53.

成功打造了具有高度吸引力的全球文化品牌。文化与情感的连接是国家品牌化的关键组成部分。通过品牌化策略，国家可以将其文化资源转化为全球受众易于理解和接受的符号，从而增强其文化影响力。文化品牌不仅是文化输出，更是通过文化的软性力量，在全球范围内建立深厚的情感联系。

（六）公共外交与媒体传播：塑造国家形象的关键手段

公共外交是国家品牌化不可或缺的组成部分。扬·梅利森（Jan Melissen）指出，公共外交通过塑造国家的国际形象，增强国家的软实力，并提升其全球吸引力。"企业作为公共外交系统中的经济权力代表，是世界网络的重要节点；在促成资金和商品流通的同时，客观上推动着信息和文化的流通，传播和塑造着一国形象，成为公共外交的重要力量。"企业的非政府行为体身份使得公共外交"更具有可信度，更容易吸引广大公众"，对政府外交起到辅助和补充作用[①]。

国家通过国际文化交流、学术合作和全球媒体平台，主动与全球用户建立联系，积极塑造国家形象。尼古拉斯·卡尔（Nicholas Cull）也强调了媒体传播的重要性，认为通过全球媒体传播，国家能够有效改变外界对其形象的误解。因此，国家可以充分利用国际媒体平台和数字传播渠道，广泛传递国家的核心价值和形象。公共外交的目标不仅是展示国家文化，更在于通过多元化的传播手段影响国际舆论，建立积极的国际形象。在数字化时代，媒体传播作为公共外交的重要工具，对于国家品牌化至关重要，国家需要充分利用这些平台，在国际媒体舞台上主动发声。

三、企业品牌与国家品牌的关联

企业品牌与国家品牌的建构思路遵循相同的逻辑，在全球市场中，企业品牌与国家品牌是相辅相成的关系，企业品牌的打造根植于民族国家文

① 田立加.中国企业公共外交的未来前景探析［J］.公共外交季刊，2022（3）：67-74，111.

化土壤，而企业品牌的全球影响力和知名度在很大程度上也影响着该国产业品牌的全球接受度，一个国家的品牌竞争力与该国国际化品牌的数量有着密切的关系，国家品牌竞争力越大，其国际化品牌的数量越多。国家品牌与企业品牌在此处是系统与局部的辩证关系，系统并不是其各个部分的简单相加，而是由各部分之间的相互作用和关系构成的。每个局部均存在于系统之中，并且受到系统的影响，同时也为系统的运行和发展做出贡献。这意味着系统和局部是相互依存、相互构成的。品牌文化是企业树立自身企业形象、提升竞争力的核心，而在某种程度上，企业的品牌形象也深刻影响着国家品牌的形象。随着经济全球化进程的加深，企业品牌超越企业自身和经济领域的范畴，深刻嵌入国家整体形象的打造中，在国家层面重视企业品牌的打造成为促进国家品牌打造的必要手段。

四、基于企业品牌塑造推动国家品牌建设

（一）中国品牌转型升级

从"中国制造"到"中国创造"的转变是中国品牌发展进程中的关键一步，与企业品牌的转型升级紧密相连。这一转变标志着中国企业在全球市场上努力摆脱低质低价的形象，通过提升品牌附加值来实现高质量发展。自改革开放以来，中国的加工贸易和制造业蓬勃发展，"中国制造"成为全球知名的标签。但与此同时，低价策略和仿制品的泛滥也导致"中国制造"在国际市场上逐渐形成了负面、廉价的印象，部分商品甚至被贴上了假冒伪劣的标签，这在一定程度上影响了中国品牌的国际声誉。在那个时期，"中国制造"更多地代表了中国缺乏自主品牌的状况。

"中国创造"不仅代表了国家品牌形象从制造大国向创新大国的转变，更是企业核心竞争力的体现，其中技术和创新能力是关键。在转型升级之前，尽管许多企业拥有完整的供应链和强大的制造能力，但由于缺乏创新能力和核心技术，它们往往只能依赖代工生产，缺乏自主品牌。随着中国

企业品牌意识的觉醒和核心技术的不断进步，越来越多的国产品牌如华为、大疆等凭借其创新能力和技术实力崭露头角，这些品牌的成功吸引了国内外消费者的关注。为了维护企业的海外发展利益，推动品牌建设，掌握核心话语权，从而赢得更广阔的发展空间，已成为中国企业发展的必然选择。

（二）企业品牌竞争力

党的十八大以来，以习近平同志为核心的党中央高度重视品牌工作。2014年5月10日，习近平总书记在河南考察中铁工程装备集团有限公司时，高瞻远瞩地首次提出"推动中国制造向中国创造转变、中国速度向中国质量转变、中国产品向中国品牌转变"。习近平总书记多次强调，要"强化品牌意识""做强做大民族品牌""加快建设一批产品卓越、品牌卓著、创新领先、治理现代的世界一流企业"，为新时代我国企业以高质量品牌建设助推高质量发展指明了方向，提供了遵循。

来自国务院国资委的信息显示，目前已有93家中央企业制订了品牌战略规划，超过70%的企业面向利益相关方开展品牌战略沟通，提升品牌影响力；超过90%的企业建立了商标、字号等保护机制，注重维护品牌权益；94家中央企业设立了品牌管理委员会等品牌管理领导机构[①]。下一步，国资国企要从战略高度谋划品牌发展，以自主创新激发品牌活力，用过硬质量夯实品牌根基，凭现代治理保障品牌建设，借积极履责提升品牌形象。

企业品牌竞争力是国家品牌竞争力的重要支撑。在经济全球化加速的背景下，拥有国际知名品牌成为企业引领全球资源配置、开拓海外市场的关键。知名跨国公司凭借品牌影响力，能够在全球范围内优化采购与生产布局，实施并购重组，主导国际标准制定，从而在国际竞争中获取巨大经济利益，赢得广阔发展空间。因此，培育知名企业品牌，不仅是企业自身追求经济利益的需要，更是国家在全球竞争中掌握话语权、维护和发展利

---

① 王希.中央企业品牌建设取得积极成效［EB/OL］.（2024-06-11）［2025-01-20］. https://mp.weixin.qq.com/s/iSHtjurDPjVw5wS8WoMFjA.

益的必然要求。

国有企业作为国际竞争的主力军,通过打造国际知名品牌,推动我国成熟的产品、技术和标准走向世界,在更宽领域和更高层次与跨国公司开展竞争合作,构建与经济实力相匹配的品牌实力。随着中国市场国际化和竞争加剧,一些中国品牌被跨国公司收购,生存空间受限,亟须进一步发展。尽管多数国际知名品牌企业为民营企业,但我国民营企业在品牌建设上仍面临挑战,需承担建设国家品牌的重任,这不仅是企业自身发展的需求,也是拓展海外利益的必然选择。目前,我国部分企业虽具代表性,但多数在国际分工中仍处价值链中低端,缺乏国际话语权,全球资源配置和国际市场开拓能力有待提升。在诸多消费领域缺乏知名品牌,这对国家品牌的构建和海外利益的发展与安全产生直接影响。因此,提升民营企业在国内外市场的竞争力至关重要。打响民族企业品牌、培育具有全球竞争力的世界一流企业,对于塑造中国国家品牌、增强国家品牌核心竞争力意义重大,有助于提升中国制造、中国创造的国际形象,增强海内外消费者对中国企业的认同感和信任感。

第二节 企业品牌传播与国际品牌建设

在互联网背景下,品牌传播中的企业、消费者和媒介的互动关系发生了显著变化,呈现出从"以产品为中心"到"以消费者为中心"的消费升级趋势,消费者从"不定量的多数"转变为"消费个体"[①]。SIVA理论是由著名学者唐·舒尔茨和奇吉坦·戴夫于2005年提出的一种新型整合营销架构。SIVA是"Solutions(解决方案)""Information(信息)""Value(价值)""Access(途径)"的首字母缩写。这一理论强调以消费者需求为导

---

① 臧丽娜,刘钰莹.基于 SIVA 理论的品牌传播场景构建[J].当代传播,2019(2):97-100.

向，通过提供解决方案、传递信息、创造价值和提供购买途径，将各种技术手段作为接触点呈现创意，整合品牌文化、形象、服务等各个环节，与消费者建立持久关系。其中，Solutions是指寻求综合解决方案的过程，Information是指消费者不断寻找有关解决方案的详细信息，Value即消费者评估解决方案的价值，Access是指消费者寻找解决方案并产生购买行为的渠道。SIVA理论的核心在于以消费者为中心，关注消费者的需求和体验，而不仅仅是产品或服务本身；通过多种渠道与消费者进行互动，增强其参与感和忠诚度；并且与消费者共同创造价值，而非单向地传递品牌信息。

一、解决方案（Solution）：打造本地化品牌体验

在全球化背景下，企业品牌国际传播的首要任务是提供符合目标市场需求的解决方案。企业需要深入洞察不同国家和地区的文化、消费习惯、语言差异和市场需求，摒弃"一刀切"的传播方式，精准定位目标客户群体。通过调整产品功能、设计、包装和服务，打造符合当地消费者偏好的品牌体验。同时，企业应挖掘品牌与不同文化的共鸣点，用情感化的故事传递品牌价值，例如，讲述品牌创始故事、品牌价值观或社会责任，以此拉近与全球消费者的距离，与其建立情感连接。在企业国际传播中，提供综合性解决方案是赢得全球消费者信任的关键。通过深入的市场调研和用户反馈分析，企业能够了解不同文化背景下消费者的具体需求和痛点，从而设计出具有针对性的解决方案。例如，针对不同国家消费者的偏好，可以结合产品、服务以及技术支持，提供个性化的综合方案，满足多样化的需求。企业在国际传播中需要将本地化需求融入全球化产品设计中，打造符合区域市场期待的高价值解决方案，增强品牌在目标市场的吸引力。

在当今数字化时代，"互联网+大数据"已成为SIVA理论中"解决方案"部分的技术基石。深度数据分析是SIVA理论的关键环节，它通过整合用户在微博、消费品类、订阅的公众号以及下载的App等方面的数据，构

建出用户的生活图谱，为数据挖掘提供了基础。利用大数据技术，企业能够整合分散的信息片段，深入分析用户对品牌的认知，捕捉消费行为和品牌偏好，从而实现精准的传播和引流。

企业可以依据用户画像、渠道引流效果、活跃用户指数、交互深度、用户质量、用户体验以及用户关注度等多维度数据进行量化分析。因此，品牌拥有者需要构建一个大数据用户分析平台，对特定用户群体进行动态分析，绘制全面的用户画像，进而形成一个健康、互动的用户生态系统。在进行品牌传播时，企业应深入了解消费者的功能性需求、情感需求和社交需求，洞察消费者的偏好，并结合用户的动态标签，为消费者打造触发生活方式改变的场景，以实现情感上的深度沟通。

二、信息（Information）：构建多元化的传播矩阵

在信息传播方面，企业需要构建多元化的传播矩阵，确保品牌信息能够精准触达目标受众。建立多语言网站、社交媒体账号和移动应用，使用目标市场的语言进行传播，避免文化误解。与当地的意见领袖和关键消费者合作，借助他们的影响力提升品牌知名度和信任度。同时，选择目标市场常用的媒体平台和传播渠道，如搜索引擎、社交媒体、视频网站和本地论坛，进行精准投放。利用虚拟现实（VR）、增强现实（AR）等技术，打造沉浸式品牌体验，让消费者身临其境地感受品牌魅力，增强品牌记忆。在国际传播中，信息的有效传播是连接企业与目标市场消费者的重要桥梁。企业需要通过多渠道、多形式的内容营销，向受众清晰传递解决方案的价值。例如，通过社交媒体、博客、视频等形式发布产品资讯和品牌故事，同时借助线上问答、评论和在线客服等方式与消费者互动，及时解答疑问。

三、价值（Value）：传递品牌核心价值

品牌的核心价值是国际传播的关键。企业需要明确品牌的核心价值主

张，并将其融入所有传播内容中，突出品牌的独特性和不可替代性。通过提供优质的客户服务，及时响应客户需求，解决客户问题，提升客户满意度和忠诚度。此外，积极参与目标市场的公益活动，关注环境保护、社会公平等议题，树立负责任的品牌形象，增强品牌的社会价值认同感。在国际传播中，向消费者传递品牌价值是企业成功的核心策略。通过明确的价值主张，企业可以向全球市场展现其产品或服务的独特性和竞争力。此外，高质量的用户体验能够显著提升消费者对品牌的满意度和忠诚度。例如，星巴克通过打造舒适的消费环境、高品质的产品以及会员制度，成功向全球消费者传递了"独特而值得"的品牌价值，同时还通过用户反馈机制实现了价值共创。这种模式在国际传播中尤为重要，企业可以借助本地化的品牌塑造方式，构建与目标市场文化一致的价值认同，从而增强品牌在全球范围内的认可度。

在品牌传播中，用户扮演着至关重要的角色。用户通过自身体验和对品牌理念的认同，形成了品牌社群的核心力量。用户在品牌传播场景中不仅是消费者（Consumer），更是生产者（Producer），即"Prosumers"。他们不仅消费品牌的产品和服务，还积极参与品牌内容的创造和传播。"信任代理"概念强调，品牌核心价值的输出是品牌关系可靠度的关键。在互联网时代，消费者的决策路径通常遵循"关系—认知—决策"的模式。信任链条、人格背书以及用户的分享和推荐，成为品牌传播的核心驱动力。个体用户对品牌的情感体验会汇聚成群体的情感共鸣，进而形成自媒体、自组织、自运行、自传播的一体化模式。

因此，品牌传播策略应聚焦于不同人群，细分场景需求，选择个性化的渠道链条，构建有温度的品牌场景。这些场景不仅要体现用户社群的情感共振，还要成为消费者生活中不可或缺的一部分，实现深度品牌价值的积累。同时，品牌应鼓励用户在品牌传播中进行参与式生产，共同研发体现品牌价值和有效信息的传播内容，并通过社交工具的渠道进行推广，最终实现价值共创。

四、途径（Access）：打造资源间的有效连接

企业国际传播的连接主要有两种物理与现实空间的连接，作为完善企业品牌建设系统的渠道和途径。在全球化市场中，物理空间的连接基于产品的畅通，这是品牌成功的重要因素。企业应根据目标市场的特点，选择合适的线上线下销售渠道，如电商平台、线下门店和分销商，提升消费体验。同时，与可靠的物流公司合作，提供快速、安全的配送服务，确保产品及时送达消费者手中，提升消费者的满意度和品牌忠诚度。便捷的购买途径是企业实现国际传播效果的重要一环。企业需要结合目标市场的消费习惯，优化多渠道销售网络，包括线上电商平台、线下实体店和移动端应用，确保消费者可以轻松获取产品或服务。亚马逊的全球化运营为此提供了典范，其通过一键购买、快速配送和优质的售后服务，降低了消费者的购买障碍。在国际传播中，企业还需根据不同市场的特点优化购买流程，如支持多种支付方式、本地语言的用户界面，以及提供本地化售后服务，确保消费者在购买和使用中感受到便利和信任。通过提供无缝衔接的消费路径，企业能够进一步扩大其在国际市场的覆盖范围和影响力。

在场景时代，"连接"被赋予了新的含义，即个体之间的互动升级为社群运营，连接方式转变为线上全媒体矩阵，连接地域聚焦于网络节点，连接时间段呈现碎片化传播特征，连接形态则侧重于基于对消费者真实生活场景洞察的沉浸式体验。"连接"的关键实现方式是通过O2O（Online to Offline，线上到线下）多场景连接来构建用户信息生态圈。O2O指的是将线上的流量和资源引导到线下的实体店铺或服务中，以实现线上线下的互动和融合。这种模式通过互联网平台和技术手段连接线上线下的服务和消费场景，为用户提供更加便捷和个性化的体验。

O2O多场景连接紧密地结合了品牌传播的线上与线下环节。它深入挖掘消费者生活中的隐性价值，依据信用、消费和地域数据进行产品定制，重塑企业、用户、渠道和生活的连接。以碎片化场景为驱动力，将应用、

支付、社交、服务和生活场景串联成闭环，打造从PC端到移动端再到线下活动的无缝体验式消费场景，形成完整的娱乐类沉浸式场景圈。这种模式融合了场景化、个性化和数据化的特点，实现了精准营销和一体化商业变现。

为了扩展品牌内涵，提高品牌曝光度，常用的"连接"形式之一是"跨界"。跨界的关键在于每个品牌需要形成协作机制和接口能力，通过植入、场景渗透等形式，将社交网络和线下实体空间衔接，拓宽品牌传播接触点。借助全媒体矩阵，促使用户触达不同场景，让品牌在不同场景中完成"品牌+"的传播效果，从而实现品牌价值的深度传递和市场影响力的扩大。

五、场景构建（Scene Construction）：打造沉浸式品牌体验

品牌传播场景被定义为一种以用户个性化需求和体验为核心逻辑，以共享和开放为服务逻辑，以自我认同和圈层标签为情感逻辑，以技术和数据为连接逻辑，以口碑分享为流量逻辑的品牌传播应用形态。这种定义突破了传统场景的物理空间限制，强调了场景的多重属性和用户参与的重要性。

传统场景概念最初由空间演变而来。保罗·亚当斯（Paul Adams）与安德烈·杨松（Andre Jansson）提出，空间是通过中介化的传播创造的，传播与空间密切相关，不同的传播形式和中介化过程会产生不同的空间生产能力。早期的场景概念主要强调物理空间和传播路径，侧重媒介地理学表述的地方感构建。

随着移动互联网的发展，场景的内涵发生了显著变化。全球科技领域记者罗伯特·斯考伯（Robert Scoble）和技术专栏作家谢尔·伊斯雷尔（Shel Israel）提出了"场景五力"，强调技术在场景构建中的重要性。国内学者也指出，移动传播的本质是基于场景的服务，即对场景的感知（情境）

及信息（服务）的适配。场景不再局限于传统的物理空间，而是强调以用户个性化需求和体验为核心，结合技术、数据、情感和社交等多重属性，形成品牌传播的应用形态。

传播学者约书亚·梅罗维茨（Joshua Meyrowitz）将"媒介理论"与"场景理论"相结合，提出了"媒介场景理论"。他指出，新媒介信息系统的变化催生了独特的社会场景。根据在场理论，"在"指的是主体的存在，而"场"则是特定的空间，两者共同构成了主客体所处的环境。在这一框架下，人作为主体成为场景的核心要素之一。随着互联互通技术的发展，用户的传播能力得到了显著提升，媒介接近使用权被进一步强化，用户的传播身份也随之发生转变。人与物逐渐成为流动的媒介单元，借助新兴技术和社交网络，构建起自媒体的传播体系。在传播路径上，品牌场景依托信任机制和双链条传播模式，信息发布者向外扩散品牌信息，用户接收信息并通过交互行为形成反馈。在传播渠道上，在场景构建的生态圈中，渠道不再是静态的罗列，而是用户在关系链中通过搜索、点击、收藏、消费、分享和传播等行为，构建起可分发的渠道连环场景模式。在传播符号上，符号被划分为以有声语言为主的听觉符号和以具象符号为主的视觉符号，场景通过具有强烈仪式感的符号得以强化，进一步增强了品牌传播的感染力和记忆点。

在此研究基础上，品牌传播场景的内涵不再局限于传统意义上的单线性拼凑，而是强调凸显品牌价值并产生与消费者有情感共鸣的内容。这种内容不仅能够实现与消费者的情感连接，还能具备自下而上的传播能力和引爆热点的话题价值，从而形成口碑分享。通过这种情感化的内容传播，品牌能够与消费者建立更深层次的联系，增强品牌的吸引力和影响力。场景构建是品牌国际传播的重要策略。企业可以利用VR、AR、XR（扩展现实）等技术，构建虚拟品牌场景，让消费者身临其境地体验品牌产品和服务。通过线上线下融合的方式，打造品牌体验场景，例如线下体验店、品牌快闪店等，增强消费者的参与感和互动性。此外，建立品牌社群，鼓励用户分享品牌体验，参与品牌活动，形成品牌与用户之间的良性互动，提升品牌的社群影响力和用户黏性。

第三节　以文化为力量的品牌搭建策略

一、品牌文化构建：根植于本土历史文化

企业品牌作为区别于其他同类产品和企业的可辨识信息，其品牌文化的构建离不开本土历史文化的土壤。品牌首先是本地的，然后才是全球化的，其构建过程也涉及对国家文化利益的塑造。有研究指出，美国推动品牌文化全球化，而欧洲注重品牌文化的区域性和本土性，这种差异源于意识形态和民族文化。例如西欧奢侈品牌借助悠久历史、艺术和工匠精神建立品牌概念，而美国品牌则依赖个人英雄主义，契合美国文化核心。这表明本土历史和文化对品牌创建的重要性[1]。

同样，中国企业的品牌文化塑造应当深深扎根于中国悠久的历史和博大精深的传统文化之中。中国拥有五千多年的文明历史，积累了极为丰富的文化资源，这些宝贵的文化财富为品牌建设提供了取之不尽、用之不竭的资源。企业应当充分挖掘和利用这些丰富的文化资源，从中提炼出具有独特魅力和深远意义的文化价值，并将其巧妙地融入品牌建设的各个环节中，从而有效提升品牌的整体价值。品牌价值是品牌权益的核心组成部分，它代表着品牌赋予产品的额外价值，这种价值不仅体现在产品的功能属性上，更体现在情感层面和观念层面，是产品在功能价值、情感价值、观念价值等多方面的综合体现，它能够使产品在市场上脱颖而出，赢得消费者的青睐和信任。

---

[1] 戴永红，付乐.国际传播赋能我国海外利益发展与安全：基于国家、城市、企业的三维视角［M］.北京：国际文化出版公司，2022：205.

在品牌建设的过程中，企业应当将中国传统符号、中式美学以及独特的生活方式有机地融入品牌标识的设计之中。这些传统元素不仅具有深厚的文化底蕴，还能够引发消费者的情感共鸣，增强品牌的亲和力和认同感。同时，企业还应将这些文化元素广泛应用于品牌营销活动和文化塑造的各个方面，通过各种渠道和方式向消费者传递品牌所蕴含的文化理念和价值观。这不仅是一种视觉和文化认同的传递，更是品牌保护和文化理念传承的重要标识。通过这种方式，企业不仅能够提升品牌的知名度和美誉度，还能够增强品牌的竞争力和可持续发展能力，使品牌在激烈的市场竞争中立于不败之地，同时也为中华文化的传承和发展做出积极的贡献。

二、跨国品牌：文化外交的重要载体

在全球经济一体化的浪潮中，跨国企业扮演着至关重要的角色。它们所构建的品牌价值，不仅是其所在国家经济实力的象征，更是原产国文化形象的重要体现。美国思科系统（Cisco Systems）公司的首席执行官约翰·钱伯斯（John Chambers）曾深刻指出，企业必须"把文化置于企业的中心"。这一观点不仅为企业的发展提供了战略指导，也为理解跨国品牌的文化影响力提供了重要视角。

从某种角度来看，跨国公司的品牌文化在很大程度上反映了国家的文化特征。品牌文化是企业价值观、经营理念和文化传统的外在表现，它承载着原产国的历史、传统和价值观。在跨国经营过程中，企业不可避免地会面临不同文化之间的交流与碰撞。尤其在广告和营销活动中，跨文化交流显得尤为重要。广告和营销活动不仅是产品推广的手段，更是文化传递的重要渠道。通过这些活动，企业能够向全球消费者展示其品牌文化，从而促进不同文化之间的相互理解和尊重。

在全球化进程中，企业需要妥善解决自身文化传统可能引发的"水土不服"问题。这是跨文化交流的关键所在。企业品牌在国际化发展过程中，与东道国民众建立沟通与联系，实际上是在进行跨文化交流。在这个过程中，品牌所代表的国家文化形象会对受众产生深远影响，塑造他们对该文化的认知与理解。这种影响不仅体现在产品功能上，更体现在情感和价值观层面。

以美国的耐克、可口可乐、麦当劳等知名品牌为例，它们不仅传递了美国的现代流行文化，还展现了美国快节奏的生活方式。耐克通过其"Just do it"（勇敢去做）的品牌口号，传递了美国的创新精神和积极向上的生活态度；可口可乐以其标志性的品牌形象，传递了美国的乐观主义和社交文化；麦当劳则通过其标准化的服务和产品，传递了美国高效和便捷的生活方式。通过广告和商业活动等手段，这些品牌成功地建立了强大的文化连接，不仅赢得了海外消费者的信任，也提升了他们对美国文化的好感度。这些品牌在全球范围内的成功，不仅在于其产品的质量和市场策略，更在于其品牌文化的力量。品牌文化作为一种无形的资产，能够跨越国界，与不同文化背景的消费者建立情感共鸣。这种情感共鸣不仅增强了品牌的忠诚度，也为文化的传播和交流提供了有力支持。

因此，跨国企业在构建品牌价值时，不仅要注重经济利益，更要重视文化价值的传递。通过将文化置于企业核心，跨国企业不仅能够在经济上取得成功，更能在文化交流中发挥重要作用，促进全球文化的多样性和相互理解。

三、国际品牌：民间文化交流的桥梁与纽带

在全球经济一体化的浪潮中，跨国公司在海外经济利益拓展中发挥着不可替代的作用。在全球化背景下，跨国公司日益成为国际舞台上的主要竞争者。与非政府组织一道，跨国公司成为后冷战时代重构全球政治和经济秩序的两大非国家行为主体。这些公司不仅在经济领域取得了显著成就，还在文化交流方面扮演了重要角色。

随着全球化的深入发展，跨国公司作为全球经济增长的重要引擎，其经济和文化影响力越发显著。然而，随着跨国企业之间的竞争从产品层面

升级到品牌层面，品牌的作用不再局限于经济领域，其影响力逐渐扩展到文化层面。跨国品牌通过品牌建设行为和品牌传播活动，发挥着文化外交的重要作用。一方面，跨国品牌通过广告传播品牌文化；另一方面，它们通过在东道国的营销活动和企业文化的本土化传播，与当地民众进行沟通交流，增加当地民众对品牌的信任和好感，从而在日常生活中潜移默化地传播本国文化。

在全球竞争加剧的背景下，跨国企业不仅充当着民间文化交流的桥梁和纽带，还应积极维护本国的文化利益。在跨文化交流过程中，跨国品牌是促进民间文化往来的重要载体，在深入与当地民众的直接沟通和交往过程中，其营销行为既要兼顾本国文化，又要充分了解当地文化。企业品牌应以国家利益为导向，以产品品质为依托，以文化传播为力量，相互协同，从而获得目标受众的一致性心理认同[1]。

在跨文化交流中，跨国公司需要具备高度的文化敏感性和适应能力。这包括对不同文化背景下的沟通风格、社会规范和价值观的深刻理解。例如，美国的沟通风格通常较为直接，而亚洲文化更倾向于间接沟通。通过有效的跨文化交流，跨国公司能够更好地与当地消费者建立联系，减少文化冲突，提升品牌在不同文化背景下的接受度。

---

[1]　廖雪莲. 从国家品牌看企业品牌［J］. 企业管理，2020（10）：38-39.

第四章

企业国际传播智能素养提升

智能传播，简单来说，就是利用能够自我学习、自我反馈和自我进化的智能技术，也就是人工智能（AI），来制作和传播信息[①]。随着AI技术的不断进步，我们正慢慢进入一个全新的智能传播时代。在这个时代，我们的生活正在被算法、大数据、人工智能和虚拟现实等技术悄然改变。比如，我们在使用社交媒体时，算法会根据我们的喜好推荐个性化内容；在购物软件中，我们总能看到符合我们需求的产品。

　　历史告诉我们，跟不上时代的步伐，就会被时代淘汰。面对智能媒介这个新的生存工具，作为企业国际传播的专业人才，我们亟须思考一个问题：如何运用智能媒介助力国际传播，如何站在技术前沿，为企业国际传播效能的提升贡献力量？接下来，本章将围绕这一问题进行探讨。

　　在第一节，我们将首先从宏观视角审视智能媒体发展对企业国际传播带来的深远影响。这一部分内容将围绕三个核心层面进行展开：底层逻辑、数智赋能（积极影响）和风险预警（消极影响）。通过这三个层面，我们将全面揭示智能媒体如何重塑企业国际传播面貌。

　　在第二节，我们将逐一深入探讨当前流行的人工智能技术，包括算法推荐、聊天机器人、生成式AI、深度合成等。我们将详细解析这些技术的定义、工作原理以及在实践中的应用场景，旨在增强企业国际传播人才对人工智能技术的理解和认识。

　　在第三节，我们将通过一系列具体案例，展示这些先进的人工智能技术是如何被国内外企业巧妙地融入其传播策略中的。我们将从信息优化、信息交互、信息创新、信息场景等四个关键维度出发，帮助企业国际传播人才掌

---

① 张洪忠，兰朵，武沛颖．2019年智能传播的八个研究领域分析［J］．全球传媒学刊，2020，7（1）：37-52.

握人工智能技术的高阶应用技巧，从而为自身企业品牌的国际传播赋能。

第一节　智能传播对企业国际传播的影响

一、底层逻辑：数据算法介入企业国际传播实践

在深入探讨智能传播如何塑造企业国际传播之前，本章将先行介绍人工智能技术的基础知识，重点解读其三大核心组成部分：数据、算法和算力。随后，我们将详细分析企业国际传播实践的三大环节，并探讨引入人工智能技术后，这些环节发生了怎样的变化。通过这一连串的讲解，希冀为本书读者搭建起理解智能传播对企业国际传播影响的底层逻辑思维框架，为后续内容的消化吸收打下理论基础。

（一）数据、算法和算力是AI的三大要素

在探讨人工智能技术时，普遍认同的一个观点是，人工智能的三大核心要素是数据、算法和算力。这三者相互依存、相互作用，共同推动着人工智能技术的进步（图4-1）。

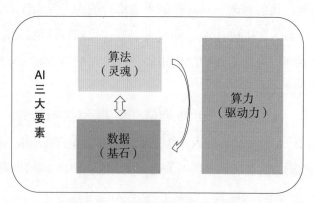

图4-1　人工智能三大要素关系图

下面，让我们更通俗地理解这三个要素。

首先，数据是人工智能的基石。无论是机器学习还是深度学习，都需要大量的数据来训练模型。数据的质量和数量直接影响到模型的性能和成效。在人工智能的世界里，数据的重要性不言而喻。比如，在图像识别领域，机器学习模型是通过分析成千上万的图片来学会识别不同特征的。而在处理自然语言时，庞大的语料库对于提升模型的表现至关重要。因此，没有充足的数据作为支撑，再先进的算法和再强大的算力也无法发挥其作用。

其次，算法是人工智能的灵魂。算法就是一套指导计算机处理数据的规则和步骤，它决定了机器如何从数据中提取信息并做出决策。随着技术的进步，算法在人工智能领域的应用变得越来越广泛。例如，在语音识别领域，深度学习算法能够模仿人脑的神经网络，实现对语音信号的精确识别。在推荐系统领域，协同过滤算法可以根据用户的习惯和偏好，提供定制化的内容。因此，不断优化算法是提升机器智能水平的关键。

最后，算力是人工智能的驱动力。算力指的是计算机处理数据的能力，包括计算速度、存储能力和通信能力等。在人工智能的应用中，算力是支撑数据和算法运行的基础。随着数据量的激增和算法复杂度的提升，对算力的需求也在不断上升。为了应对这一挑战，云计算、边缘计算等新技术应运而生，它们提供了更强大的计算能力和更灵活的部署方案，为人工智能的发展提供了坚实的支撑。

总结来说，算力、算法和数据三者相辅相成。算力提供了强大的后盾，算法决定了机器的智能程度，而数据则是机器学习和进化的源泉[1]。只有这三者协同作战，才能实现人工智能的真正突破。

（二）AI技术在企业国际传播中的应用

1.传统企业国际传播实践的三个环节

在探讨企业如何走向国际舞台时，我们可以把传统的企业国际传播策

---

① 陈雨露.数字经济与实体经济融合发展的理论探索［J］.经济研究，2023，58（9）：22-30.

略分为三个由内至外的环节，如图4-2所示。

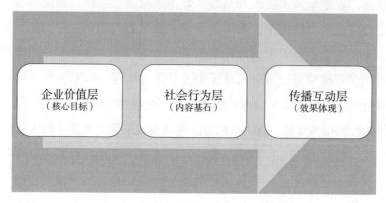

图4-2　企业国际传播策略的三层架构

第一环节是企业价值层，这是企业想要向世界展示的品牌价值和理念。这个环节是企业国际传播的基石，每家公司开展国际传播前都必须明确自己最想传递的价值观。这个价值观将指引企业国际传播的其他方面。说到底，不管技术如何变化，传递品牌价值观始终是企业国际传播的核心目标[①]。

第二环节是中间的社会行为层，指的是企业在国际上进行的各种线上线下活动。这些活动不仅是企业品牌价值观念的外化表现，也是企业国际传播的内容基石。比如在2023年，中国航空集团有限公司就通过创建#WednesdayWisdom#、#MondayMood、#ThursdayThoughts等话题标签，分享鼓舞人心的话语，以此彰显品牌特色。他们引用古希腊剧作家的名言，唤起人们对学习和旅行的共鸣，鼓励大家探索世界，丰富生活，这样的"软性"内容让品牌形象更加亲切、可靠[②]。

第三环节是传播互动层，这里涉及企业如何通过不同的渠道和平台进

---

①　胡正荣，王润珏.智能传播时代国际传播认识与实践的再思考［J］.对外传播，2019（6）：61-64，1.

②　张洪忠，方增泉，周敏.2023中国海外网络传播力建设报告［M］.北京：经济管理出版社，2024.

行信息传播和互动。这个环节是国际传播活动的执行阶段，也是传播效果能否实现的关键。清华大学新闻与传播学院的陈昌凤教授指出，在平台化社会的背景下，国际传播的关键启示是，传播者不能只在国际平台上展示内容，更要注重与用户的互动，利用平台的互动功能来提升传播效果[①]。

2. AI赋能后的企业国际传播实践环节

在智能媒体的推动下，数据算法这一新角色开始在企业国际传播中发挥作用，并为社会行为层和传播互动层提供强大支持（图4-3）。

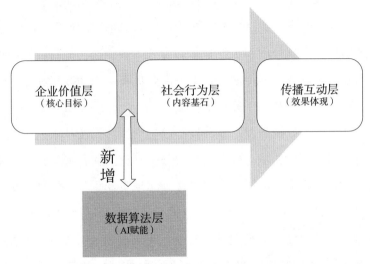

图4-3　AI技术介入的企业国际传播实践新架构

从数据的角度来看，中国社科院大学新闻传播学院院长胡正荣教授指出，在当今的国际传播技术格局中，只有当我们拥有大规模、多维度的数据，并通过建模进行分析、归纳、总结和预测，人工智能才能发挥作用，这也是它在国际传播中的应用基础。简单来说，社交媒体平台提供的数据

---

① 北京师范大学中国海外网络传播力课题组，喻国明，徐和建，等. 认知转向视域下国际传播"五力"建设与发展［J］. 对外传播，2022（8）：62-66.

量越大、类型越丰富、结构越清晰，人工智能技术的应用效果就越好①。借助这些数据，企业可以利用 AI 工具来更精确地描绘用户画像，重新整理和排序信息，以设计出更贴合用户需求的国际传播活动。而且，企业还能根据实时数据和反馈来不断优化和调整策略，提升活动的吸引力，从而激发用户与企业的互动，即实现 AI 技术对社会行为层和传播互动层的赋能。

然而，我们也需要认识到，当前全球传播仍受制于以美国为中心的平台霸权和数据垄断，这给中国企业的国际传播带来了不小的挑战。过去，由于自建平台难以在海外立足，而加入他人平台又难以获取海外用户数据，企业往往只能通过播放量、点赞量和评论量等表面指标来获取反馈②。为了提高海外用户二次传播的积极性，掌握海外大数据作为战略资源显得尤为重要。未来，企业在国际传播实践中，需要更有意识地收集和保留更多平台传播数据，为算法优化打下坚实基础。

另外，胡正荣教授强调，掌握核心数据资源和算法技术的企业，将在国际传播中拥有更大的主动权、主导权和引导权。随着人工智能技术的深入应用，许多企业国际传播的工作将逐渐实现自动化，如信息采集、数据分析、内容生成、多语种翻译和信息推送等。机器人写作、AI 翻译、算法推送等技术越普及，它们对社会行为层和传播互动层的影响就越明显。因此，"数据"和"算法"成为企业国际传播实践中的新环节，作用日益凸显。

可以预见，技术的影响力将在企业国际传播中进一步扩大，这可能会导致传统传播媒介的权力向数据权力和算法权力转移。因此，企业在设计国际传播相关制度时，需要更加重视技术权力的作用，充分利用数据算法的赋能和创新，最大限度地发挥前沿技术的作用，以提升自身的国际传播

① 胡正荣，王润珏.智能传播时代国际传播认识与实践的再思考［J］.对外传播，2019（6）：61-64，1.
② 张龙，曹晔阳.数据主权、数字基础设施与元宇宙：平台化视域下的国际传播［J］.社会科学战线，2022（6）：166-175.

效果。

二、数智赋能：智能技术重塑企业国际传播格局

从之前的讨论中，我们可以看出，人工智能技术介入企业国际传播实践的关键逻辑在于数据和算法的全方位赋能。接下来，我们将探讨智能技术在重塑企业国际传播格局中的具体表现。本部分旨在解答的问题是：在智能技术的推动下，企业国际传播在传播主体、内容和场景这三个方面将发生哪些显著变化？

（一）多元化人类增强：促进人机协同生产

"人类增强"是指利用生物技术手段来提升人类的身体、心理、智力、认知或情绪等现有功能，或者开发出人类前所未有的新能力[①]。这种增强技术将深刻影响我们的生活，特别是对企业国际传播生产方式产生重大影响。

历史告诉我们，随着人工智能技术的不断进步，内容生产的主体已经得到了极大的强化。内容生产方式从PGC（专业生产内容）的高成本、低效率，转变为UGC（用户生产内容）的低成本、高效率，再进一步发展到AIGC（人工智能生产内容）。AIGC技术进一步大幅降低了内容生产的成本，提高了效率，创造了一种全新的内容创作模式，有效地促进了人机协作，提升了企业国际传播内容的生产规模和效率。这种协作不仅包括机器辅助人类生产内容，还包括机器独立完成企业国际传播的生产过程。即使是零散的想法，AIGC工具也能迅速根据指令生成文本、图片、音视频等多模态内容，并与人类互动，降低了专业内容生产和创作的门槛[②]。

AIGC技术生成的海量企业相关信息，在企业在场度和舆论对冲方面发挥着关键作用。首先，就企业"在场度"而言，北京师范大学新闻传播学

---

① 李亚明，李建会. 人的尊严与人类增强［J］. 哲学动态，2019（6）：98-108.
② 韦路，陈曦. AIGC时代国际传播的新挑战与新机遇［J］. 中国出版，2023（17）：13-20.

院院长张洪忠教授曾将"海外网络传播力"概念扩展为四个层次，其中第一个层次是"在场"，即衡量一个机构在互联网场域中出现的体量大小，这是传播力最基础的部分；第二个层次是评价，即"在场"内容有没有得到网络空间的关注，得到的关注是正面还是负面的；第三个层次是承认，即互联网世界对一个机构传播内容的价值的承认程度，可能虽然不认同但承认，这是国际传播应该努力达到的现实目标；第四个层次是认同，这是国际传播的最高目标①。在企业国际传播的起步阶段，利用AIGC技术工具提升国际"在场度"是一个高效策略。此外，国际传播也是各国意识形态较量的舞台。面对西方反华势力和境外敌对势力在互联网上散播的涉华谣言，AIGC技术可以生产大量与中国企业相关的信息，通过个性化、互动式内容生产，提高用户互动，与中国主流媒体内容形成互补，抵消不实和恶意信息，降低其可见性②。

总的来说，AIGC"人类增强"的赋权将触发数字智能时代企业国际传播领域的"主体"革命，即从传统的"传播者—接收者"模式转变为多元化人机协作生产的新局面。

（二）多模态基础设施：讲好中国企业故事

多模态传播，简单来说，就是通过各种感官来传递信息，比如视觉、听觉、触觉等，使用语言、图像、声音、动作等多种符号资源。这种方式在历史上很常见，比如诗歌配上图画，说话时打手势做表情③。在媒体上，由于技术限制和门槛，传播主体在国际传播时最初只能用文字来传播信息，后来才逐渐出现图片、视频、语音、直播，甚至VR/AR等。现在，随着生

---

① 张洪忠，方增泉，周敏.2021中国海外网络传播力建设报告［M］.北京：经济管理出版社，2023：序.

② 何军.智能时代国际政治谣言传播趋向及应对研究［J］.中国广播电视学刊，2021（11）：16-20.

③ 张德禄.多模态话语分析综合理论框架探索［J］.中国外语，2009，6（1）：24-30.

成式人工智能的发展，它可以通过预训练、大模型、生成式的特点，实时生成多种感官的信息。比如DALL·E2、Midjourney和Stable Diffusion可以生成高质量的图片；Synthesia、Sora或DeepBrain可以快速生成视频。甚至世界上最大的在线游戏开发平台Roblox（罗布乐思），在2024年9月6日也推出了一种可以生成3D场景的AI工具，该工具允许开发者通过简单的文本描述，如"在沙漠中生成一条赛道"，快速生成相应的3D场景。技术的进步让图片设计、视频制作，甚至3D场景生成的门槛都大大降低了。

这种多模态的叙事方式，不仅能更生动、更丰富、更有代入感地讲述中国企业的故事，还能帮助中国企业在国际传播中减少"文化折扣"。北京师范大学新闻传播学院喻国明教授指出折扣现象无所不在。所谓折扣，就是一种价值的损耗。"文化折扣"（Cultural Discount）指因文化背景差异，国际市场中的文化产品不被其他地区受众认同或理解而导致其价值的减低。这种折扣主要来自三个方面：文本编制时的编码损耗、渠道传播时的传输损耗以及用户解码时的"认知—加工"损耗[①]。多模态的信息生成主要从减少用户解码时的"文化折扣"入手，即避免因文化差异而导致的误解和价值损失。通过AIGC技术，我们可以找到适合特定地区或国家的"贴合性符号"，并用当地的语言和表达方式来讲述故事，这样可以降低文化误解，提高翻译的准确性和适应性。目前，像ChatGPT、LaMDA这样的工具已经在对外传播的翻译和写作中得到了广泛应用。它们能够快速识别和处理多种语言，提供不同文化传统和习俗的重要背景信息，并使用适合海外用户阅读习惯的表达方式。这些工具帮助传播者更有针对性地创作、翻译和润色内容，从而提升国际传播的文化接近性和适配性[②]。

未来，企业在国际传播过程中可以尝试使用AIGC技术来实现多模态

---

① 喻国明.跨文化交流中的三个关键性传播节点：关于减少和消除"文化折扣"的传播学视角［J］.新闻与写作，2020（3）：62-65.

② 韦路，陈曦.AIGC时代国际传播的新挑战与新机遇［J］.中国出版，2023（17）：13-20.

叙事，这样不仅能更生动地讲述中国企业故事，还能更好地适应不同文化背景下的受众需求，有效传播自身品牌和价值。

（三）多通道个性沉浸：增强用户场景体验

体验营销的概念源自20世纪70年代，其核心思想是企业应当将服务视作展示的舞台，商品则是故事中的道具，旨在围绕消费者打造出参与感强且令人难忘的经历。在这里，商品是有形的实物，而服务则是无形的体验，它们共同创造出的记忆是难以磨灭的。此外，随着移动媒体的兴起，场景成为新时代的焦点，它继内容、形式、社交之后，成为媒体传播的又一关键要素。场景的构建包含四个主要方面：空间环境、实时状态、生活习惯和社交氛围[①]。正如喻国明教授所指出的，随着人工智能技术的不断发展，我们的认知、学习和沟通正在逐步转向场景体验的新纪元。

以OpenAI发布的Sora技术报告为例，Sora能够模拟视频游戏中的数字化过程，未来可能会应用于游戏动画和场景的建模与生成，从而降低游戏开发的门槛。这意味着我们可以创造出无数个性化的数字场景，这些场景远远超出了传统意义上的打车、外卖、网购等单一场景。在智能媒介模拟现实世界的能力下，每一种想法都能转化为直观、细腻、立体、丰富的场景体验。因此，Sora等智能媒介将引领我们进入一个全新的场景体验时代。在这个时代，人们的学习方式和认知模式将经历深刻的变革。以往的技术往往只能提供片面的事物表达，通过语言或图像简化了世界，导致细节的丢失和表达的模糊。而在新的场景体验时代，人们可以在场景中直接体验和学习，直观地感受世界的真实面貌[②]。人工智能新技术使得多感官体验——包括视觉、听觉、触觉，甚至嗅觉和味觉——成为可能，极大地减少了传播的障碍和隔阂。人们可以在技术构建的场景中共享体验，通过消

---

① 彭兰.场景：移动时代媒体的新要素［J］.新闻记者，2015（3）：20-27.

② 喻国明，苏健威.从Sora到AGI：智能媒介的升维与全新场景体验时代的到来［J］.编辑之友，2024（6）：39-45.

除认知差异来促进不同立场个体之间的相互理解，实现换位思考。

在国际传播领域，多通道的场景构建为情感叙事开辟了更宽广的天地。通过将观众置入一个精心设计的场景中，我们能够更有效地触及他们的情感，特别是在处理像难民问题这样复杂而敏感的主题时，场景化的体验往往比单纯的文字更能打动人心，引发深层的情感共鸣和强烈的冲击。展望未来，企业在进行国际传播时，应当积极采用人工智能技术，尤其是虚拟现实（VR）和增强现实（AR）等先进技术工具。这些技术能够营造出沉浸式体验，让网民仿佛身临其境，直接参与到企业的生产过程，感受到企业的匠心精神和文化内涵。这种参与式体验远胜于传统的单向传播，它能够让网民从内心深处感受到企业的精神和价值。例如，通过VR技术，观众可以虚拟游览企业的工厂，目睹产品的制造过程，甚至参与到产品设计之中。这样的体验不仅让企业的故事更加生动和真实，还能在不同文化背景的受众之间建立共鸣，从而提升他们对企业文化和品牌价值的理解和认同。通过这种多通道的场景体验，企业不仅能够更有效地传递信息，还能与全球消费者建立起更深层次的联系，最终实现更加高效和有影响力的国际传播。

三、风险预警：警惕技术漏洞与人为造假

随着智能传播技术融入国际传播的大环境中，我们也需要保持自身对风险的敏感度，其中一个典型的挑战就是虚假信息在国际舆论场的泛滥。这一现象既源于技术自身的不足，也受到人为恶意造假的推动。

从技术层面来看，AI存在两大缺陷。一方面，数据来源的真实性难以辨别，且目前尚缺乏能够有效识别虚假信息的AI产品。数据是构建大语言模型的基础，信息的来源和质量直接影响到模型的性能及数据处理方式。在接近每秒1万亿次运算速度的算力加持下，大语言模型所抓取的数据量几乎以指数级递增。面对海量信息，尤其是滞后或虚假的信息，目前还没有公司推出有效的算法工具进行清理，单靠人工筛选和回收这些信息几乎

是不可能的任务。另一方面，技术本身可能会产生"无中生有"的内容。研究发现，当接收到错误的用户指令时，ChatGPT可能会编造不实内容来满足用户的需求。

技术的这种副作用可能引发国际舆论场中人们对AI技术的恶意使用，给企业的国际传播带来不小的风险。例如，有人可能以极低的金钱、时间和知识成本编造大量信息并注入大语言模型数据库，而像ChatGPT这样的"公共知识"提供者则会将这些内容进行改写和润色，使其看起来更加规范，并在人机互动中传播给更多用户，从而导致国际舆论信息混乱。如果说这种信息干扰方式还比较难以马上见效，那么使用深度伪造技术恶意制造假新闻已经有前车之鉴了。如2023年3月，一位美国用户使用Midjourney艺术生成器的5.0版本，制作了一幅关于当时的美国总统特朗普被捕的图像，其逼真程度令人惊叹，在社交媒体上引起了广泛关注，浏览量超过500万次。许多网友信以为真，引发了一场网络论战。

AIGC技术使得国际信息环境变得更加复杂，对企业国际传播人才的专业素质和能力提出了更高的要求。在未来使用智能媒介技术进行人机协作的企业国际传播中，我们必须始终牢记对数据进行多方面的核实，不能盲目信任技术提供的信息。

第二节　理解技术：培养基础认知能力

在全面把握智能传播对企业国际传播宏观影响的基础上，接下来的第二节和第三节将逐步深入，从微观和中观层面探讨如何有效提升企业国际传播人才的智能素养。我们将这种能力划分为两个层面。首先是基础认知能力，也就是对各类智能传播技术的概念及其应用有一个清晰的认知，并在此基础上引导读者思考它们对国际传播可能带来的影响。在第二节中，我们将重点介绍算法推荐、聊天机器人、生成式AI和深度合成这四种具有代表性的技术，并对其进行通俗易懂的解释。其次是高阶应用能力，我们并不要求企业国际传播人才必须精通智能媒体背后的技术细节，但重要的是他们需要知道如何运用智能媒体来弥补传统媒体的不足，以及如何将人的创造力和智能媒体的优势相结合，以更好地服务于企业的国际传播目标。这部分内容将在第三节中进行详细阐述。

一、算法推荐：个性化信息分发模式

在当今信息爆炸的时代，算法推荐技术已成为信息分发领域的一股重要力量。这一概念最早在1995年由美国人工智能学家罗伯特·阿姆斯特朗（Robert Armstrong）等人提出，它基于大数据的强大支撑，通过精密的算法分析用户的行为和关系，深入挖掘用户对内容的偏好和潜在需求，从而实现信息的个性化推送。本部分旨在从算法推荐的发展轨迹切入，详细梳理信息分发模式的三个主要发展阶段，并深入探讨目前市场上流行的三种算法推荐类型。

（一）信息分发的三个演进阶段

迄今为止，人类的信息分发模式大体上经历了三种主要的发展类型。这三种类型作为信息分发的主流模式依次出现，各有其特色与擅长领域。

1.依赖人工编辑的媒体型分发

在信息分发的早期，媒体型分发模式占据了主导地位。这一模式的核心在于专业编辑团队对信息进行筛选、加工和传播，确保了信息的专业性和质量。它能够满足社会共性的信息需求，将那些具有普遍意义的信息传递给广大受众。然而，这种模式也存在局限性，它往往忽视了个体差异，无法满足人们日益增长的个性化信息需求。

2.依托社交链传播的关系型分发

随着社交媒体的兴起，信息分发模式进入了第二个阶段。在这一阶段，信息通过社交网络传播，朋友和关注的人成为信息筛选和推荐的重要渠道。

这种模式的优势在于能够激活"长尾信息"，为用户提供个性化的信息体验。2010年Facebook主页访问量超过Google，可以看作社交驱动的"关系型分发"在全球成为主流的"拐点"。所谓"无社交不传播"即对关系型分发的一种不无夸张的描述。然而，随着社交网络的不断扩大，信息超载和推荐质量下降的问题也逐渐显现。比如在微信朋友圈中养生、微商、"晒娃""晒吃"类的无效信息越来越多；微博上则是"大V"和营销类账号占据了主体流量。有研究表明，在微博平台上，90%以上的内容是由3%左右的"大V"生产和分发的。

3.基于智能算法的算法型分发

技术的进步催生了算法型分发模式，现在人们随便打开一个网站或资讯App，都会有"个性推荐"或"猜你喜欢"之类的栏目系统会根据你的浏览记录和阅读爱好，自动为你推荐内容。这一模式打破了传统信息分发的统一性，使得每个用户都能接收到符合自己兴趣和需求的信息。2016年，第三方数据监测机构"易观"注意到一个显著的变化：在资讯信息分发市场上，由算法推送的内容已经占据了超过半壁江山，达到了50%以上。这意味着，我们现在所接收到的信息，大部分是由"智能大脑"，也就是算法，为我们精心挑选并推送的。

算法驱动的信息分发之所以受到广泛欢迎，主要有以下几方面原因。首先，算法在分配流量时，不受社交关系的束缚，打破了"大V"和"网红"对信息的垄断。其次，算法处理信息的能力几乎无上限，它能够更加有效地挖掘和匹配那些不那么热门，但同样重要的长尾信息。最后，算法还能够对社交网络中的推荐内容进行二次筛选，从而提升推荐的质量和相关性。

简而言之，算法型分发实现了对海量信息价值的重新评估和精准匹配。正如那句俗语所说，"汝之砒霜，吾之蜜糖"，你认为无趣甚至是垃圾的信息，对我而言可能具有极高的价值。因此，信息的价值不再是固定的，不再有绝对的优劣之分。举例来说，对于一位刚刚迎来新生儿的妈妈而言，空气质量指数的重要性绝对超过了英国脱欧的新闻。算法型分发模式的崛起，无疑标志着信息分发领域的一次深刻革命。

（二）算法推荐的三大主流类型

在信息过载的背景下，算法推荐系统扮演着至关重要的角色。以下是三种主流的算法推荐系统类型，它们各自有着独特的优势和挑战。

1.协同过滤推荐

协同过滤推荐系统可以分为两种类型：一种是基于记忆的，另一种是基于模型的。基于记忆的协同过滤就像是根据你的历史行为，在庞大的用户群体中找到与你相似的兴趣或行为模式，然后据此为你推荐内容。这种方法非常擅长发现用户的潜在喜好，提供高度个性化的推荐，因此亚马逊、Netflix（网飞）、Hulu（葫芦）、YouTube（优兔）的推荐算法的基础都是该算法。不过，当遇到新用户或者数据不够丰富时，这种推荐系统就会遇到"冷启动"的难题，也就是说，由于缺乏新用户的历史数据，算法难以精准把握他们的需求。而基于模型的协同过滤，则是通过分析用户的历史数据来构建一个预测模型，再利用这个模型来预测和推荐。这种方法可以提高推荐的精确度，但模型的构建过程相对复杂，这也是我们需要注意的问题。

2.基于内容的推荐

内容驱动的推荐系统专注于挖掘用户历史项目中的文本信息特征，然后根据这些特征来推送与之相似的新信息。这种方法可以有效解决协同过滤中常见的数据不足和新用户"冷启动"的问题。然而，它也有可能导致用户陷入所谓的"信息茧房"，即长期只接触与自己已有兴趣相似的信息，从而减少了信息的多样性。另外，当涉及处理音频、视频等非结构化数据时，基于内容的推荐系统的处理能力可能会显得有些不足。

3.关联规则推荐

关联规则推荐系统是通过挖掘分析用户过去的行为数据，找出其中的联系，从而推测用户可能感兴趣的新内容。这个过程可以分为两步走。首先，根据用户已经阅读并感兴趣的内容，推导出其可能还没看过但会喜欢的内容。其次，根据这些规则的"重要性"进行排序，将最可能吸引用户的内容优先展示给用户。关联规则推荐的难点在于规则的数量和质量，规则越多，管理起来就越复杂。

随着移动互联网的普及和社交媒体的快速发展，单一推荐算法已难以满足用户多样化的需求。因此，组合推荐系统应运而生，它通过融合多种推荐算法，取长补短，实现了更加精准和个性化的信息推荐①。

综上所述，算法推荐技术在信息分发领域的作用日益凸显，它不仅改变了信息的传播方式，也深刻影响了用户的消费习惯。企业在面对国际传播时，必须理解和掌握这些技术，以便更好地适应和利用它们，实现信息的有效传播和品牌的国际化。

二、聊天机器人：人机互动的新桥梁

聊天机器人（Chatbot）是一种软件程序，它能通过自然语言与人类用户进行互动交流。在个人电脑时代，我们主要通过鼠标和键盘与电脑交流；在移动互联网时代，我们用手指触控来互动；而到了智能互联网时代，我们是通过自然语言与电脑自由对话。人机交互已从图形用户界面（GUI）转变为对话用户界面（CUI），聊天机器人在这一转变中扮演了越来越关键的角色。以下将详细解释聊天机器人发展的四个阶段及三种主要类型。

（一）聊天机器人发展的四个阶段

1. 20世纪60—80年代：从"词典+规则"起步

在20世纪60—80年代，聊天机器人采用的是"词典+规则"的自然语言处理方法。代表性的如1966年的伊丽莎（ELIZA）和1972年的帕里（PARRY）。这些早期的聊天机器人能够在英语环境中针对特定关键词做出回应，但交流显得生硬且缺乏深度。随后的聊天机器人，如瑞克特

---

① 喻国明，韩婷.算法型信息分发：技术原理、机制创新与未来发展［J］.新闻爱好者，2018（4）：8-13.

（Racter）、专家系统（Expert System）、尤内克斯顾问（UNIX Consultant）等，基本延续了这一设计思路与技术原理。这一时期的聊天机器人受限于编程语言、简短的代码、有限的数据库和基于关键词匹配的回复技术，人机交流的效果有限。

2. 20世纪90年代至21世纪初：转向"统计模型"

进入20世纪90年代至21世纪初，以勒布纳奖的设立为标志，聊天机器人的智能化迈出了重要步伐。代表性的聊天机器人如阿尔伯特一号（Albert One）、爱丽丝（ALICE）和埃尔伯特（ELBOT）等。它们采用了基于"统计模型"的自然语言处理方法，尤其是爱丽丝，它在2000年、2001年、2004年三次获得勒布纳奖，成为当时智能化程度最高的聊天机器人。尽管爱丽丝聊天机器人通过大量的输入和输出模式规则来弥补它在语言形态、句法和语义理解方面的短板，但是它基于人工智能标记语言（Artificial Intelligence Markup Language，AIML）构建的聊天系统并不能持续进行长时间的对话。正因为如此，爱丽丝未能通过图灵测试，这一测试是判断机器是否能够像人类一样进行交流的基准。

3. 21世纪初至20年代：拥抱"深度学习模型"

在21世纪初至20年代，我们见证了以Siri、Cortana、Google Assistant和Alexa等数字助手为标志的聊天机器人时代的到来。这些机器人开始运用"深度学习模型"的自然语言处理方法来提升它们的交流能力。通过先进的语音识别和信息检索技术，它们提供了更加个性化和便捷的服务。与之前的时期相比，这个时期的智能聊天机器人已经能够进行更为双向的交流。它们不仅能够被动地响应人类的提问，还能够主动抓住交流的机会，比如在人类需要的时候提供提醒，或者根据对话的上下文推荐合适的产品和服务。然而，值得注意的是，尽管这些智能聊天机器人在应用场景上变得更加广泛和深入，但它们在模仿真实人类对话方面仍有不小的差距。例如，当遇到无法直接回答的问题时，这些数字助手往往会通过搜索网络上的相关信息，并以链接的形式提供给用户，这种做法有时会影响到人机交流的流畅性和效率。

4. 21世纪20年代至今：采用"预训练＋微调"范式

自21世纪20年代起，生成式人工智能开始采用一种新的自然语言处理方式，即"预训练＋微调"范式。例如，ChatGPT基于大语言模型，拥有海量的模型参数和强大的计算能力。通过结合人类反馈的强化学习技术，它能够在不断的学习过程中提升自己的语言生成能力，从而实现生成高质量文本和维持连贯对话的功能。而ChatGPT的进阶版本GPT-4更是对大语言模型进行了创新，它不仅支持多模态输入，还能将文本和图片信息融合在一起，大大丰富了人机交流的体验和维度。

（二）聊天机器人的三种类型

随着人工智能技术的飞速发展，聊天机器人已经成为这一进程的生动写照。如今，它们正逐步融入我们的日常生活，影响力不断扩大。根据聊天机器人不同的应用功能，我们可以将其划分为以下三大类。

1. 贴心客服代表——客户服务型聊天机器人

这类聊天机器人以提供用户帮助和服务为核心，广泛应用于商业公司、政府机构和非营利组织。当用户遇到问题时，只需与这些智能语音助手互动，就能轻松获取所需信息。例如，在众多电商平台上，智能客服能够捕捉用户信息中的关键词，并给予快速响应，这就是客户服务型聊天机器人的典型应用。

2. 私人定制管家——个人助理型聊天机器人

这类聊天机器人致力于满足用户的日常需求，提供信息检索、媒体内容查找，甚至是智能家居和物联网服务。它们更具个性化，服务对象不再是广泛的大众，而是针对个人或特定群体。像苹果的Siri、百度的小度、华为的小艺、阿里巴巴的天猫精灵等，都是我们熟悉的个人助理型聊天机器人。

3. 智能内容创作者——内容生产型聊天机器人

与前两类相比，内容生产型聊天机器人在功能和智能化程度上更上一层楼。它们不仅能执行用户的简单指令、进行互动问答，还能依托强大的数据库资源，通过机器学习为用户量身定制内容。例如，2022年3月以来，阿根廷媒体《华普日报》利用联合机器人公司（United Robots）开发的聊天机器人，自动化生产足球新闻。这些机器人经过数据训练和语言模型输入，能产出多样化、风格各异的报道。目前，该报每月通过机器人发布约250篇足球新闻，远超专业记者100篇左右的月产量[①]。

总的来说，聊天机器人作为人机交互的新桥梁，在企业国际传播领域具有巨大的应用潜力。它们能够克服语言和文化障碍，实现全天候无缝沟通，提升品牌全球形象的一致性，增强企业的国际竞争力。因此，在未来企业国际传播的实践中，聊天机器人的运用不容忽视。

三、生成式AI：内容创造的智能引擎

生成式人工智能（Generative Artificial Intelligence，GenAI），也称为人工智能生产内容（Artificial Intelligence Generated Content，AIGC），是一种运用生成式建模和深度学习技术，依托现有数字内容资源，创造出全新的文本、图像、音频、视频、代码、Logo以及数字主播等多种形式内容的技术。科技咨询机构高德纳（Gartner）指出，生成式人工智能所生产的数据并非简单复制原始数据，而是创造出与原始数据相类似但完全不同的新内容。接下来，我们将探讨生成式AI的技术原理和目前在九大行业中的应用，希望能为从事企业国际传播的专业人士提供一些启发，帮助其利用这项智能媒体技术来丰富国际传播的手段。

（一）生成式AI的技术模式

生成式AI的内容创造和传播过程其实就像一个精巧的漏斗，它包括输入、过滤和输出三个阶段。这个过程就像是信息从宽度输入到中间处理，再到最后窄度输出的过程。生成式AI通过一系列环节，如数据收集、训

---

① 史安斌，刘勇亮.聊天机器人与新闻传播的全链条再造［J］.青年记者，2023（3）：98-102.

练、搜索、计算、交互和生成，实现了信息的逐步筛选，最终对用户的认知产生了精准影响。

首先是"漏斗"的入口——数据输入阶段。在这个阶段，系统吸收了大量的未经标注的数据，这些数据成为训练模型的基石。以ChatGPT为例，从GPT-1到GPT-3，其预训练数据量从5GB、1.17亿参数增长到45TB、1750亿参数，展现了生成式AI模型的迅猛发展。但需要注意的是，这些海量数据的质量和完整性无法保证，可能存在偏见和歧视等问题，这些都可能影响数据的有效性。

其次是"漏斗"的过滤阶段，这里涉及数据的训练和用户搜索模型的计算等中间处理过程。在这个阶段，生成式AI利用训练数据构建起庞大的预训练模型，并根据用户的搜索指令对数据进行进一步处理。例如，ChatGPT的GPT-3.5版本采用了"分组系数注意力"、"标准化知识蒸馏"和"无监督学习"等新技术架构和训练方法，通过深度学习用户的搜索指令，对大量数据进行排列、组合和匹配，从而从训练数据中提炼出规律并更新模型。这一过程展现了生成式AI作为算法中介的特性，将用户置于训练数据和模型计算的过滤环节之中。在这个过程中，用户的选择受到算法的影响，从而呈现出一定程度的被动性。

最后是"漏斗"的输出阶段，这一阶段发生在用户与生成式AI的互动中，内容会经过反复修正，直到输出最终的标准化答案。在生成最终内容之前，用户与AI通过对话等形式互动，用户对生成内容进行评估并提出修改建议，这些反馈促使模型不断调整内容。在多次的人机对话互动中，生成式AI能够根据用户的指示，借助其庞大的预训练大模型，精确把握用户的真正需求，从而为其提供量身定制的内容。这个过程会不断进行微调和修正，直到最终呈现出一个让用户心满意足的标准答案。

同时，生成式AI的"漏斗"模式还具有以下特点。

一是多重过滤。从数据输入、训练到交互生成，每个环节都设置了如同漏斗般的过滤机制，形成了多重筛选过程。这种机制虽然提高了模型的精度和效度，但也可能导致内容的窄化，强化了用户的信息选择偏向。

二是满意而非最优。生成式AI在辅助用户决策时，不追求最优选择，而是遵循满意度原则。它根据用户偏好和需求，提供符合期望的内容，用户的满意度是内容采纳的关键。

三是算法黑箱。生成式AI在数据来源、数据处理算法模型、数据生成结果和技术工具背后的价值导向等方面均存在不透明性，用户难以了解信息过滤的计算规则，也无法对结果进行精确调整。

四是自我进化。生成式AI通过学习用户需求和行为，不断优化预训练模型，提高对人类需求的理解。它能够根据用户特征和行为数据，生成个性化的内容，实现精准匹配[①]。

（二）生成式AI的行业应用

2022年11月，随着OpenAI公司推出的ChatGPT问世，生成式人工智能技术受到了社会各界的广泛关注，甚至有人将2022年誉为生成式AI的元年。随着这项技术的普及和进步，它正逐渐渗透到全球众多行业和业务领域。接下来我们将简要介绍生成式AI目前在九大行业中的应用，为企业国际传播提供参考（表4-1）。

表4-1　生成式人工智能技术在九大行业中的应用与管理实践[②]

所属行业	主要AIGC技术	具体实践形式	管理实践结果
学术研究	自然语言处理	自动生成综述	帮助科研人员整理信息，激发学术创新
		自动生成文章标题、摘要、框架	提升写作效率

---

① 曾润喜，秦维．人工智能生成内容的认知风险：形成机理与治理［J］．出版发行研究，2023（8）：56-63.

② 马阅欢，方佳明，杨慧颖，等．机器的觉醒：生成式AI溯源、演进与展望［J］．南开管理评论，2024，27（4）：66-77.

续表

所属行业	主要AIGC技术	具体实践形式	管理实践结果
教育行业	自然语言处理 语音识别 计算机视觉 多模态技术	自动制订学习计划	定制化学习规划，提升学习效率
		AI助教、虚拟教师辅助进行学业述评或辅助制订教学计划	减轻教师负担，推动教育模式创新
营销行业	自然语言处理 语音识别 多模态技术	虚拟数字人	节约成本，创新营销手段
艺术创作	自然语言处理 语音识别 计算机视觉	AI生成小说、音乐、绘画等	提高艺术从业者创作能力，创新内容生产方式
图书情报与档案管理	数字孪生技术 语音识别 计算机视觉 多模态技术	虚拟馆员	提高企业内部信息处理与决策效率，优化内部资源配置
		数字化复刻实体档案资源	实现企业数据的永久保存，最大化信息资源价值
		自动进行信息分类、检索	提高企业信息管理的智能化水平
		档案安全保护	实现智能化信息资源保护，帮助企业打造数据安全体系
新闻传媒	自然语言处理 语音识别 计算机视觉 多模态技术	实时监控、分析媒体数据	助力企业及时应对舆情问题
		虚拟新闻主播	丰富媒体信息传播方式
		自动生成与编辑新闻内容	推动新闻传媒企业信息生产和组织结构智能化变革

续表

所属行业	主要AIGC技术	具体实践形式	管理实践结果
科技创新	数字孪生技术 计算机视觉 多模态技术	模拟太空场景、辅助决策设计	满足航天科技企业应用需求
		辅助材料设计	降低制造业企业材料开发成本，提升技术创新水平
医疗行业	自然语言处理 计算机视觉 多模态技术	辅助药物研发	缩短药物研发周期，助力药企在药品设计上降本增效
		生成诊断图像、分析病情	助力医生进行患者病情分析与管理，提高看诊效率
娱乐行业	自然语言处理 数字孪生技术 多模态技术	元宇宙泛娱乐产品	带动娱乐商业模式变革，催生游戏领域新经济

总结而言，生成式AI的出现为各行各业的发展都提供了新的契机与挑战。如何运用先进技术赋能自身行业发展，是当下各行各业需要思考的问题。生成式多模态的信息生成方式以及跨文化的数据库能力，都将为企业国际传播提供无限前景，未来需要认真探索其应用方式。

四、深度合成：虚拟与现实的融合

深度合成（deep synthesis）是依托人工智能深度学习算法和模型生成文字、图像、音频、视频的技术，其核心特征为具有高度真实性。目前我们经常提到的深度伪造技术，其实是深度合成技术下的一个分支，主要指的是深度合成技术的负面化恶意应用，其初衷并非"揭示"，而是"误导"。但我们需要注意，并非所有深度合成技术都是负面的，深度合成技术也有很多自身的正向应用价值。以下将对深度合成的技术逻辑及其在传媒领域的应用进行介绍。

（一）深度合成的分类与技术逻辑

1.深度合成技术的分类

深度合成技术主要涵盖视觉和听觉两大领域，视觉领域包括图像和视频的深度合成，听觉领域涉及音频的深度合成。另外，当下还有视觉和听觉二者结合的综合性深度。

具体来说，视觉深度合成主要包括以下五种类型。一是人脸合成：这项技术能够创造出全新的人脸图像。二是人脸替换：将一个人的脸部嵌入另一个视频人物的身体上，实现脸部替换。三是唇形同步：将一个人的嘴唇动作精确匹配到另一个人的脸上，使其看起来在说不同的话。四是人脸再现：将一个人的面部表情复制到另一个视频人物的面部。五是动作迁移：将一个人的动作捕捉并应用到另一个视频人物上。除了上述2D技术，3D数字虚拟人合成技术也在不断进步。例如，2018年腾讯联手多家公司打造的虚拟人"Siren"，就是一个典型例子。

而音频深度合成技术最初专注于文本到语音的转换，但现在已远不止于此。例如，MelNet可以通过数百小时的TED演讲的训练，复刻出演讲者的声音。而谷歌AI团队的Translatotron则能实现一种语言的语音到另一种语言的语音的直接转换，同时保留原说话者的声音特征。这些技术的结合，为创造逼真的虚拟人提供了可能，极大地拓展了传播的边界。

2.支撑深度合成的人工智能技术

生成对抗网络（Generative Adversarial Net-works，GAN）作为一种无监督的深度学习模型，主要用于处理复杂分布问题。它通过生成模型（Generative Model）和判别模型（Discriminative Model）的互相博弈学习，产生良好的输出。其中生成模型致力于学习真实数据分布，判别模型用来判别数据是来自真实数据还是来自生成模型。二者相互博弈、相互优化，进而提高各自的生成能力或判别能力，直到判别模型无法正确判断数据来源，生成模型就完成了训练过程，掌握了真实数据分布的规律特征。该技术目前已经广泛应用于超分辨率图像生成、人脸合成、图像复原、音乐合成和自动驾驶等领域。

自动编码器（Auto Encoder，AE）作为一种无监督学习方法，能够从大量庞杂、无标签的数据中自动学习，进而提炼出包含在其中的有效特征。AE作为一种人工神经网络，最早由鲁梅尔哈特（Rumelhart）等人提出，它由编码器（encoder）和解码器（decoder）两个部分构成。其中，编码器通过训练神经网络来学习输入数据的低维表示，解码器通过定义重构损失从隐层低维表示中生成一个尽可能接近输入数据的原始表示，目的是将原始数据降维处理，方便分析和发现数据之间的规律。该技术目前成功应用于图像分类、视频检测等。

卷积神经网络（Convolutional Neural Network，CNN）受视觉神经科学启发设计而成，适合处理空间数据，在计算机视觉领域应用广泛。典型的卷积神经网络主要由输入层、卷积层、下采样层（池化层）、全连接层和输出层组成。它既可以直接执行有监督的学习，又能进行无监督学习，具有良好的特征提取能力和泛化能力，自然语言处理、图像处理、人脸识别、音频检索、医疗诊断等方面都是该算法的主要应用场景。

循环神经网络（Recurrent Neural Network，RNN）主要用于对序列数据的处理，如语音和语言。它注意到了数据前后的动态关系，其最大特点就是神经元在某时刻的输出可以作为输入再次输入神经元，保持数据中的依赖关系。循环神经网络让数据有了上下文语境，使得数据的连续性意义被开发和体现出来。循环神经网络智能处理技术目前在文本生成、语音处理、语言识别与翻译、音乐生成等顺序数据的智能化处理方面有着广泛的应用[1]。

总结来说，深度合成技术的进步为企业与个人的国际传播提供了新的工具和挑战。这些技术的应用，不仅能够创造前所未有的传播效果，也要

---

[1] 赵国宁.智能时代"深度合成"的技术逻辑与传播生态变革［J］.新闻界，2021（6）：65-76.

求我们在使用时更加审慎，以确保信息的真实性和可靠性。

（二）深度合成在传媒领域的应用

在传媒领域，深度合成技术正崭露头角，以其独特的魅力在影视、新闻、广告等领域大放异彩，成为行业内外关注的焦点。人工智能与传媒的深度融合，不仅激发了从业者的创造力，还增强了传播内容的表现力，提升了媒体产品的吸引力，为观众带来了全新的体验，也扩大了优质内容的传播范围。

1.影视产业：打破时空界限，拓展无限想象

深度合成技术已经在传统影视行业中展现了其独特的价值，主要体现在以下三个方面。

第一，让逝去的演员"重生"。在《速度与激情7》的拍摄过程中，主演保罗·沃克的意外离世给影片带来了巨大挑战。但通过深度合成技术，我们得以让保罗的影像在银幕上"复活"。通过整理保罗的影像资料，并结合他的两位兄弟的表演，我们成功地将保罗的面部特征合成为替身演员的表演，实现了他在影片中的完美再现。

第二，让演员"返老还童"。在电影《爱尔兰人》中，通过深度合成技术，我们见证了主演罗伯特·德尼罗的数字化"减龄"，仿佛时间倒流，让观众看到了他30年前的风采。

第三，应对突发情况，实现角色替换。在国内，这项技术已成为处理影视作品中劣迹艺人的救星。《长安十二时辰》和《光荣时代》等电视剧就利用了"深度换脸"技术，成功替换了劣迹艺人的镜头。

2.新闻行业：提高内容生产效率，推动报道创新

深度合成技术在新闻传播领域的应用实现了质的飞跃，主要体现在以下三个方面。

一是人工智能主播的诞生。近年来，人工智能主播在各国新闻行业得到了广泛应用。这些主播能够逼真地模仿真人主播的口型、表情、姿态和语调，独立完成主持和播报工作，具有低成本、不间断、零误差、多语言、

多场景等优势，推动了新闻传播的智能化。

二是让历史照片"重生"。新华社在2021年五四青年节期间推出了一款融合新闻产品，利用"深度换脸"技术让历史名人"穿越时空"，与大众进行视频交流，为当代青年提供了宝贵的启示。

三是手语AI合成主播的推出。在2022年北京冬奥会上，央视推出了全球首个手语AI合成主播"小聪"，为听障群体提供了及时、准确的赛事报道，让他们能够更加便捷地获取新闻信息。

3. 广告行业：激发创意，提升用户体验

深度合成技术为广告行业带来了革命性的变革，不仅大幅降低了广告制作的成本，还激发了更高级别的创意，增强了广告的感官冲击力，提升了用户的个性化体验。以下是两个典型例子。

一是创意广告的新高度。在西班牙电视流媒体平台Dish Latino的一则广告中，利用深度合成技术让已故的著名演员罗伯托·戈麦斯重现银幕，与儿子对话，这一创意广告获得了网友的广泛赞誉。

二是提升在线体验。利用这项技术，广告可以为用户提供体验式营销。例如，人工智能公司Superpersonal开发的虚拟试衣间系统，让用户能够在下单前在线试穿，极大地提升了用户的购物体验[①]。

总的来说，深度合成技术为传媒行业带来了前所未有的机遇，它不仅提升了内容的生产效率，还增强了用户的沉浸感，为企业的国际传播实践开辟了新的道路。

第三节　使用技术：提升高阶运用能力

在掌握了智能传播技术的基本概念之后，本节将深入探讨智能素养的

---

① 吴静. "深度伪造"技术在传媒领域的新应用和异化风险［J］. 传媒，2023（3）：51-54.

高级应用——如何将人类的创新力与智能媒体的优势完美融合,以更有效地助力企业进行国际传播。本节的叙述将从大数据驱动的智能技术特点出发,探讨企业在国际传播实践中,如何运用智能传播技术实现以下转变:从大众传播时代的广泛信息散布,过渡到智能传播时代的目标用户洞察与信息精准推荐;从传统的人工客服,升级为现代化的聊天机器人个性化沟通;从缓慢的人工内容创作,转变为高效的跨文化智能内容优化生产;以及如何从有限的视听信息感知,扩展到全方位的场景体验感知。

一、信息优化:基于大数据实现精准用户洞察与传播策略调整

针对全球用户信息偏好的精准洞察对于企业开展国际传播全关重要。通过运用大数据和人工智能技术,企业能够深入分析不同国家、地区、文化和种族的用户特征、喜好和需求,这为精准内容制作奠定了基础。同时,算法推荐技术能够匹配适宜的内容,实现个性化和精准化的互动,从而在国际传播中占据主动地位。

受众洞察原本是市场营销的一个概念,但随着智能媒体技术的发展,它已经转变了传统的洞察方式,提高了效果,并成为传播工作的基础环节。传统的受众洞察方法依赖于定性和小样本研究,其深度有限,对执行者的经验要求高,难以全面洞察大规模用户。而在智能化的企业国际传播实践中,用户洞察发展出了多种路径,极大地增强了洞察的能力和成效。

首先,人工智能技术在用户认知洞察方面的应用,能让企业更加深入地理解用户的认知过程、思维方式和信息处理习惯。第一,人工智能通过自然语言处理和语义分析,能够解读和分析用户的语言使用,通过监测社交媒体和在线论坛,了解用户对各种话题的看法,从而为传播内容的制定和优化提供科学支持。第二,利用数据挖掘和模式识别,人工智能揭示了用户的信息偏好,通过分析用户在搜索引擎和新闻平台的行为,帮助传播者把握用户的信息习惯,调整传播策略,提升传播效果。比如今日头条App,就是通过分析用户在搜索引擎和新闻浏览中的行为数据,发现用户

对特定类型新闻的关注度和兴趣点。基于此调整新闻内容的推送策略，确保用户能够接收到他们最感兴趣的信息，从而提高用户活跃度和黏性。第三，情感分析和情绪识别技术还能洞察用户的情感状态，通过对社交媒体和在线评论进行分析，传播者可以更好地响应用户的情感需求。

其次，人工智能在用户行为洞察方面的应用，有助于企业了解用户的行为模式、偏好和决策流程。第一，大数据分析揭示了用户的行为模式和偏好，通过分析社交媒体、搜索引擎和电商平台的数据，企业能够精准定位目标用户。第二，机器学习和推荐算法实现了个性化的内容推荐，提高了用户的参与度和忠诚度。以抖音 App 为例，该平台利用先进的机器学习算法，分析用户的观看历史、点赞、评论等数据，为用户提供了高度个性化的视频推荐。这种个性化的推荐方式不仅提高了用户的观看时长和参与度，还显著提升了平台的用户留存率和付费转化率。第三，数据挖掘技术揭示了用户的决策过程，帮助企业根据用户的购买行为和信息获取途径，优化传播策略。

最后，为了精准匹配用户需求，用户兴趣模型能够处理多种数据，包括社交账号信息、浏览记录以及点击行为等，深入挖掘用户的隐性兴趣，并为不同用户生成个性化的参数，实现精准匹配。以网易云音乐 App 为例，该平台通过分析用户的听歌历史和偏好，为用户推荐了符合其口味的音乐，极大地提升了用户体验。同时，动态的受众洞察模型能够实时更新，紧跟用户兴趣的变化。例如，淘宝 App 通过实时监测用户的浏览和购买行为，及时调整推荐策略，确保推荐内容始终与用户的最新兴趣保持一致，从而有效提升了转化率和用户满意度。

总结来说，智能化的用户洞察方法打破了传统局限，降低了洞察成本，提高了效率。它能够实时收集和分析用户数据，根据分析结果调整传播策略，使传播过程更加可视化和精准化，从而显著提升企业国际传播的精准度[1]。

---

[1]　汤景泰，徐铭亮.论智能国际传播：实践模式与驱动逻辑［J］.社会科学战线，2023（12）：152-160，282.

二、信息交互：构建企业定制聊天机器人，实现个性化沟通体验

在当今的国际传播环境中，平台化社会的崛起正深刻改变着传播模式。平台作为一种促进用户间交互的可编程架构，与平台化社会这一通过数据化机制驱动、商品化机制实现及用户选择机制成型的新型传播变革紧密相连。其给予国际传播的重要启示在于，传播主体不应仅仅满足于在海外平台上展示内容，而应更加注重平台的交互性，强化与用户的互动，充分利用平台的可编程功能来增强国际传播效能[①]。

然而，北京师范大学发布的《2024中央企业海外网络传播力建设报告》显示，当前中央企业账号在点赞、评论、转发等互动指标上的数据整体偏低。部分央企尚未充分认识到国际社交平台互动沟通的重要性，仅将社交媒体视为展示企业形象与成果的窗口，忽略了其双向社交功能；有的则忽视了评论区中的合作意愿，如项目合作咨询、招聘信息疑问及企业社会责任活动建议等；还有部分央企对服务质量反馈置若罔闻，包括产品质量、服务流程、售后保障等方面；更有企业在面对国际媒体报道和舆论热点时，缺乏主动回应公众关切的意识和行动[②]。

以往，由于人力资源有限等问题，企业难以实现与受众的实时交互。但智能媒体聊天机器人的出现，为企业与受众的信息交流搭建了一座更为迅捷的桥梁。同时，给予聊天机器人特定人设，也有助于发挥人格化传播的优势。所谓"人格化"传播，即借助人格力量所蕴含的文化品位和个性魅力来传递信息、沟通情感，使传播内容更易被接受。这一策略多用于政务微博、主流媒体的研究中，通常通过真实或虚拟的媒介代言人，综合运用人格化的语言和视觉符号，在传播中凸显人的情感、个性和魅力。目前，

---

① 北京师范大学中国海外网络传播力课题组，等.认知转向视域下国际传播"五力"建设与发展［J］.对外传播，2022（8）：62-66.

② 海外传播力课题组.97家中央企业海外网络传播力分布（2024）与传播特征［EB/OL］.（2025-01-13）［2025-01-27］.https://mp.weixin.qq.com/s/bXdR2xeAnWJ3aIw1HhAx4A.

已有众多企业通过定制聊天机器人的方式，实现了与用户的个性化沟通体验。以下是一些具体案例。

StarHub是新加坡的通信、娱乐和数字解决方案领导者，拥有超过200万客户，是新加坡第二大移动网络运营商。然而，随着企业规模的扩大，StarHub面临着一系列运营问题。其客户支持体系陈旧且依靠手动操作，导致运营效率低下，客户体验不佳。客服人员需要在多个平台间切换以获取信息，无法共享技术图表和照片，处理问题的速度和一致性也受到影响。此外，对社交媒体等消息传递渠道的支持不足，进一步加剧了客户的不满和高流失率。为了提升客户体验，StarHub与一款私人助理服务的应用Haptik合作，引入了智能聊天机器人虚拟助手。这一创新举措首先在其Facebook页面上实施，随后扩展至网站和用于智能手机之间通信的跨平台应用程序WhatsApp。该智能助手具备3000多种回答方案，能够回答关于预付费计划、光纤宽带、品牌优惠和重新合同资格等查询，并提供50多种预构建旅程，帮助用户激活/停用数据旅行计划、漫游计划，以及提供故障排除指南等。实施后，StarHub的净推荐值在短短6—8个月内从–40飙升至+10，常规查询的首次响应时间显著缩短，客户体验得到大幅提升。

同样，索尼印度作为电子产品的高端品牌，也面临着处理大量查询和有限代理带宽的挑战。为了解决这个问题，索尼选择了Yellow.ai作为技术供应商，部署了语音人工智能助手Isha。Isha为消费者和经销商提供24/7（全天候、无间断）的专用帮助热线，支持英语、印地语和孟加拉语三种语言。客户现在可以全天候访问关键服务的自助服务选项，如设备注册、故障排除、产品查询等。通过与索尼CRM（客户关系管理系统）的深度后端集成，Isha能够收集、记录和分析用户信息，提供个性化体验。同时，它还能根据PIN码识别州、城市和地区，提供基于位置的服务。方案实施后，索尼语音AI座席每季度处理的呼叫节省了大量工时成本，产品和演示请求的环比增加，潜在客户提高，每月服务请求量也大幅增加。在上线后的两个月内，Isha已成功处理了超过21000个客户和经销商电话，实现了无缝集成。这一创新举措不仅提升了索尼的客户服务支持水平，还为其带来了更多的潜在客户和业务机会[①]。

三、信息创新：AIGC技术在跨文化传播中的应用与内容批量生成

"文化折扣"指因文化差异导致国际市场上的文化产品在其他地区不受欢迎或难以被理解，从而降低其价值。在传统的企业国际传播中，精准把握不同地区和文化背景下受众的信息偏好是一项挑战。然而，AIGC技术的出现为企业国际传播带来了新的机遇，极大地丰富了内容表达的多样性，并提高了海外用户对内容的理解度。

具体来说，人工智能技术能够精准分析用户的语言习惯，创造出适合不同文化背景的内容，从而打破国际传播中的语言障碍，增进不同语言和文化背景下用户对传播内容的深入理解。

以文化学者爱德华·霍尔的高低语境文化理论为参照，我们可以看到，像中国、日本、非洲和拉丁美洲等国家和地区，往往属于高语境文化圈。在这些文化中，大部分信息要么蕴含在非言语的语境中，要么是传播者不言自明的共识，只有少部分信息是通过明确的语言符号传递的。相反，欧美等低语境文化则倾向于将信息直接编码在语言中，追求表达的明确和直接[②]。

在高语境文化背景下，如中国，沟通往往显得委婉，翻译时难以捕捉到原发言者的全部意图，这无疑会对传播效果造成影响。AIGC技术的优势在于，它能够迅速领悟不同国家的语言和文化精髓，并在翻译和内容制作时，将这些文化差异纳入考量，创造出既贴合目标市场阅读习惯，又能准

① 王吉伟.ChatGPT带热Chatbot，十个企业级应用案例看懂聊天机器人应用价值［EB/OL］.（2023-02-19）［2025-01-27］.https://roll.sohu.com/a/642919467_115856.

② 赵胤伶，曾绪.高语境文化与低语境文化中的交际差异比较［J］.西南科技大学学报（哲学社会科学版），2009，26（2）：45-49.

确传达原意的传播内容，极大地提升了企业国际传播的适应性和有效性[①]。

另外，随着ChatGPT等大语言模型的发展，以及AutoGPT等应用的出现，智能化的企业国际传播内容生产也已经逐渐进入人机协作的高级阶段，展现了多样化的应用场景。目前，至少存在以下三种人机协作的内容生产方式。

一是AI对现有内容进行修改、润色、格式转换、语气调整、风格转换、声音变化等，例如使用GAN模型、VAE、流模型、自回归模型等技术，主要用于图像、视频、文本、音频的内容生成和转换。比如某音频制作公司利用AI技术，对歌手的录音进行了声音变化处理，成功模仿了不同歌手的音色，为听众带来了全新的听觉享受。此外，该技术还用于音频内容的格式转换和语气调整，使得音频内容更加符合不同场景的需求。

二是用户提出部分需求，与AI互动生成内容，比如使用ChatGPT等大语言模型进行低代码、低人工干预的互动式内容生产。比如某在线教育平台利用AI技术，为学生提供个性化的学习内容和辅导。学生可以根据自己的学习进度和需求，与AI进行互动，生成适合自己的学习资料和练习题。这种互动式内容生产方式不仅提高了学习效率，还增强了学生的参与感和兴趣。

三是用户提出一个整体需求，让AI自主寻找解决方案，自我设定问题，自我迭代完成内容生产任务。比如最近，软件构建平台Github开源了一款基于GPT模型的AutoGPT应用（可以视为一种"AI代理"），用户通过自然语言设定总体目标，AutoGPT会自动将其分解为子任务，并在循环中使用互联网和其他工具来实现这些目标。与ChatGPT的互动式应用不同，AutoGPT能够自我分配新任务，无须频繁的人工干预。这意味着AutoGPT使得大语言模型应用具备了自我管理和自我迭代的能力，极大地降低了人

---

① 张卓.智能传播时代我国国际传播探究［J］.传媒，2022（5）：59-61.

工介入的程度[①]。

综上所述，AIGC技术的融入，为企业国际传播开辟了新的路径，实现了内容生产的自动化与个性化，有效降低了跨文化交流的障碍。未来，企业要尝试运用好AIGC技术来提升国际传播效能、构建全球品牌形象。

四、信息场景：利用深度合成技术融合虚拟与实境，增强体验感

场景概念在传播学领域的引入，得益于美国学者罗伯特·斯考伯与谢尔·伊斯雷尔的贡献，他们指出移动设备、社交媒体、大数据、传感器及定位系统五大技术共同推动了场景时代的到来。自"场景"一词进入传播领域以来，其研究热度持续不减，成为学术界与业界的研究焦点。

场景因与技术紧密相连，更多地展现出动态而非静态的特征，其传播过程呈现出阶段性发展的态势，可划分为两大阶段。第一阶段侧重于"场"，即在大众传播同质化信息的基础上，解决不同情境下个性化、精准信息与服务的适配问题，这也是场景传播被视为精准传播升级版的原因之一。第二阶段则更加注重"景"，在个性化信息服务适配的基础上，场景技术进一步向"景观化"呈现与沉浸式体验迈进，其中VR技术尤为典型。两个阶段并非截然分开，而是相互交织，只是侧重点与技术发展阶段有所不同[②]。

在智能媒体赋能的国际传播领域，场景传播更看重其第二阶段中"跨媒介联动与全场景传播的连接力""交互式传播与沉浸式满足的体验力""细分场景适配与个性化定制的服务力"的巨大优势[③]。当前，如何利用

---

① 汤景泰，徐铭亮. 论智能国际传播：实践模式与驱动逻辑 [J]. 社会科学战线，2023（12）：152-160，282.

② 梁旭艳. 场景：一个传播学概念的界定——兼论与情境的比较 [J]. 新闻界，2018（9）：55-62.

③ 黄冬霞. 场景化传播驱动思想政治教育创新的时代价值和实践策略 [J]. 思想理论教育，2022（11）：93-100.

AR、VR、MR（混合现实）及深度合成等技术打造沉浸式虚拟现实，改变语言传播生态，讲述真实、立体、全面的中国故事，提升国际受众的体验感，已成为亟待解决的重要课题。以下是一些企业在这一领域探索的典型案例。

2025年1月23日，西安城墙携手腾讯及上海鲨娱，共同推出了"丝绸之路VR多人大空间沉浸式体验项目"。该项目基于数字资产授权，是文化遗产保护与现代科技融合的又一创新实践。西安城墙作为中国现存规模最大、保存最完整的古代城垣之一，近年来积极寻求科技创新与文化旅游的结合，致力于构建数字化文化旅游的新典范。通过数字孪生、大数据、云计算、物联网及人工智能等前沿技术，西安城墙打造了"数字方舱综合管理平台"，将古城墙精准复刻为实景数字模型，利用倾斜摄影与三维建模技术，让古老文物焕发新生，为国内外游客带来沉浸式的历史体验，充分展现其独特的历史魅力[①]。

此外，清华大学与北京生数科技有限公司联合发布的Vidu文生视频大模型，能够一次性生成16秒视频，并展现长镜头、追焦、转场等复杂动态效果。尤为重要的是，作为国产大模型，Vidu在理解和生成熊猫、龙等中国特有元素方面具有独特优势，能够突破西方中心审美的局限。在国际传播领域，Vidu文生视频大模型有望为跨文化交流提供新的工具和平台，推动中国文化的国际传播进程。

腾讯新闻则是依靠虚拟现实技术，推出了VR新闻和全景视频栏目，使得用户在佩戴VR设备后，能够身临其境地沉浸于体育赛事、音乐会、重大政治活动等新闻现场。这种沉浸式的传播方式，不仅让国际受众以更直观、更真实的方式了解中国所发生的事情，还极大地增强了新闻的传播力和影响力。

[①]　西安城墙与腾讯、鲨娱携手打造丝绸之路VR沉浸体验［EB/OL］.（2025-01-23）［2025-01-27］. https://www.sohu.com/a/852538143_121798711.

第五章

企业国际传播实践平台

第一节　代表性国际媒体与行业组织

在国际传播的广阔舞台上，代表性国际媒体与行业组织发挥着举足轻重的作用。它们不仅是信息传递的桥梁，更是文化交流的纽带，对于企业而言，其重要性不言而喻。在全球化背景下，企业要想在国际市场中脱颖而出，就必须充分关注这些实践平台。了解和掌握这些基础平台，是企业开展国际传播的基石。只有在此基础上，企业才能有的放矢地制定传播策略，实现跨文化沟通。

企业在涉足不同地域市场时，首先要摸清对方主流媒体的基本情况，包括媒体定位、受众群体、传播特点等。这将有助于企业更好地适应目标市场的传播环境，提高传播效果。以下，我们将对全球12家主流媒体——CGTN、CNN、BBC、NHK等进行简要介绍①。通过深入了解这些代表性国际媒体，企业将能够在国际传播的道路上迈出更加坚实的步伐，实现全球化发展的宏伟蓝图。

一、中国代表性国际媒体

（一）CGTN

2016年12月31日，中国国际电视台（CGTN，China Global Television

---

① 信息资料系综合维基百科及各媒体官方网站内容整理而成。

Network）在整合原中央电视台英语、法语、俄语、阿拉伯语、西班牙语等多个外语频道的基础上正式开播。仅用一年时间，CGTN便迅速崛起，成为与BBC、CNN、半岛电视台（AI Jazeera）和今日俄罗斯（Russia Today，简称"RT"）等并肩的国际主流媒体，成为全球了解中国和关注国际大事的重要窗口。CGTN新媒体新闻编辑部在全球12大平台运营了23个官方账号，其中英语主账号的粉丝数已接近7000万，各语种账号的粉丝总数超过8800万。

CGTN的成立，与中国经济的快速崛起紧密相连。作为世界第二大经济体，中国保持着稳健的增长势头，成为全球120多个国家和地区的最大贸易伙伴。每年超过1.2亿的中国公民出境旅游，中国与世界的联系和互动频率达到了前所未有的程度。在这样的背景下，中国需要更深入地了解世界，世界也需要更全面地认识中国。然而，寄望于西方主流媒体全面、客观、真实地报道中国并非易事，而半岛电视台和今日俄罗斯的崛起，为CGTN提供了宝贵的经验。CGTN以中国视角看世界，让世界"See the difference"（看到不同）为宗旨，致力于从中国视角解读世界，承担起构建与中国国力和国际地位相匹配的国际主流媒体的历史使命。

CGTN的总部坐落在北京，同时在内罗毕、华盛顿特区和伦敦设有制作中心，这些中心会聚了来自世界各地的专业人才。如果说19世纪是英国的时代，BBC应运而生；20世纪是美国的世纪，CNN随之崛起；那么21世纪中国的崛起则催生了CGTN。

（二）《人民日报》

《人民日报》作为中国共产党的中央委员会机关报，与新华社、中央广播电视总台并称"三大央媒"，为中华人民共和国第一大报。

追溯其发展历程，《人民日报》于1948年6月15日在河北省平山县里庄正式创刊，毛泽东同志亲自为《人民日报》题写报名。1949年3月15日，《人民日报》跟随党中央迁至北京（当时称为北平）。同年8月1日，《人民日报》被正式确立为党中央机关报。1992年,《人民日报》荣膺联合国评选的"世界十大报纸"之一。人民日报社现有23个内设机构、1个所属事业单位(新媒体中心)以及72个派出机构(覆盖各省、自治区、直辖市,并在香港特别行政区、澳门特别行政区设立分社;在海外设有39个分社)。

《人民日报》的工作始终受到党中央的高度重视。毛泽东同志、邓小平同志曾亲自为《人民日报》撰写和审改重要文章,江泽民同志、胡锦涛同志曾亲临人民日报社考察并发表重要讲话。党的十八大以来,习近平总书记两次亲临人民日报社考察调研,致信祝贺《人民日报》创刊70周年,对《人民日报(海外版)》创刊30周年作出重要批示,并向人民日报社主办的"一带一路"媒体合作论坛、"一带一路"新闻合作联盟首届理事会议发来贺信,对《人民日报》的工作多次作出重要指示批示。

1985年7月1日,《人民日报(海外版)》正式创刊。作为中国对外发行的最具权威性的综合性中文日报,《人民日报(海外版)》主要服务于海外华侨华人、港澳台同胞以及在世界各地的留学生,发行范围覆盖86个国家和地区。报社积极运营海外网、海客新闻客户端、学习小组、侠客岛等报网端微全媒体矩阵,与51家海外华媒及网站携手合作,国际传播影响力不断提升。

(三)新华社

新华通讯社,简称新华社,作为中国共产党的新闻舆论阵地,兼具中国国家通讯社和世界性通讯社的双重角色,肩负着统一发布我国党和政府权威新闻的重要使命。

新华社的历史源远流长,其前身可追溯至1931年11月7日在江西瑞金成立的红色中华通讯社(简称"红中社"),并于1937年1月在陕西延安更名为新华社。自1949年中华人民共和国成立以来,新华社已成为国家通讯社的核心力量,其总部位于北京,国内设有31个分社、10个支社和记者站,并在台湾地区派驻记者;在总社设有解放军分社;在境外设有包括7

新时代中国企业国际传播战略实践

个总分社在内的183个分社。

新华社构建了一个覆盖全球的新闻信息采集网络，打造了一个多语种、多媒体、多渠道、多层次、多功能的新闻传播体系。它融合了通讯社供稿、网络媒体、经济信息、报刊发行、商业图片、印刷出版、投资管理等多种业务，每日以15种语言，全天候24小时向全球8000多家新闻机构用户提供包括文字、图片、图表、音频、视频在内的全媒体产品。

作为具有全球影响力的世界级媒体，新华社是国际奥委会唯一认可的非西方国际通讯社。它与120多个国家和地区的媒体机构建立了新闻合作关系，并与20多个联合国机构、国际组织合作开展全球公益行动。新华社致力于加强国际传播能力，不断提升对外报道和国际报道的质量，通过多语种网站、客户端、海外社交媒体账号等传播矩阵，展现一个可信、可爱、可敬的中国形象。新华社还重视推动国际交流合作，发起并举办了世界媒体峰会、四大国际通讯社高端合作对话会、金砖国家媒体高端论坛等多边媒体交流合作机制。

二、海外代表性国际媒体

（一）巴西Globo

Globo（环球电视网，葡萄牙语：Rede Globo），一家蜚声拉丁美洲的商业电视联播巨头，由传媒巨子罗伯托·马里尼奥于1965年4月26日创建。如今，它隶属于巴西环球集团（Grupo Globo），是拉丁美洲最大的商业电视网。在全球范围内，按年收入衡量，环球电视网仅次于美国的美国广播公司（ABC），是全球第二大商业电视网络，同时，它也是肥皂剧制作的领军者之一。

环球电视网的总部和新闻部门坐落于风光旖旎的里约热内卢植物园区，而节目制作中心则位于雅卡雷帕瓜（Jacarepaguá），被誉为"Projac"，是拉丁美洲电视制作的璀璨明珠。环球电视网旗下拥有122个分台，遍布巴西的大街小巷，同时，还设有环球电视国际频道和环球电视葡萄牙频道，将巴西的声音传遍世界。自2007年起，环球电视网迈入数字电视时代，为观众带来更高品质的视觉享受。

作为巴西视听市场的领军者，Globo拥有国内最大的工作室综合体，涵盖了免费电视频道（包括5个自营电视台和118个附属公司网络）、20个付费电视频道、一个流媒体平台及一系列数字产品。Globo的内容影响力无远弗届，已在全球160个地区，以70种语言进行配音，荣获90多项国际艾美奖提名，彰显了其在国际舞台上的地位。

Grupo Globo作为Globo的母公司，汇聚了一批致力于在各个平台创造、制作和分发优质内容的企业。它在新闻、体育和娱乐领域的制作触角遍及99.6%的巴西人口，其线性频道的节目每日与超过1亿巴西观众进行心灵对话，展现了其在巴西社会中的深远影响力。

（二）半岛电视台Al Jazeera

Al Jazeera（半岛电视台）是一家总部设在卡塔尔首都多哈的电视国有媒体，1996年开播，隶属于卡塔尔王室资助的半岛媒体集团。该台除了阿拉伯语以外，同时提供英语、土耳其语等语言的节目，致力于全球新闻传播。它是阿拉伯世界首个独立新闻频道，标志着官方媒体垄断的终结，为阿拉伯民众开启了参与媒体、自由表达的大门。

作为阿拉伯地区首家民营新闻电视台，半岛电视台矢志不渝地推动地区新闻发展。初创时期，为扩大观众群体，该台报道了海湾国家的争议事件，如沙特阿拉伯、科威特、巴林、卡塔尔等国的政府问题，以及叙黎关系、埃及司法等议题。节目创新性地引入电话采访、电视辩论等形式。特别是在"9·11"事件后，该台多次率先播放本·拉登和基地组织领导人的录像声明，引起全球关注。2003年伊拉克战争期间，半岛电视台坚定立场，赢得阿拉伯民众的青睐，被誉为"中东的CNN"。该台迅速崛起，成为中东和伊斯兰世界最具影响力的电视媒体。

半岛电视台旗下不仅拥有新闻频道，还设有体育频道（后独立为beIN Sports）、公共政务频道和儿童频道等。2015年，该台进入中国市场，开通官方新浪微博和微信公众号，并运营英阿双语的官方网站，记者团队来自各阿拉伯国家。如今，半岛电视台在全球设有25个记者站，70多个办事处，员工逾3000名，来自95个国家/地区，向150多个国家/地区广播，覆盖超过4.5亿家庭。其全球影响力使之成为阿拉伯世界最具影响力的媒体之一。

（三）德国DW

DW（德国之声，全称：Deutsche Welle）自1953年5月3日起开播，是一家依据德国公法成立的国际性公共媒体机构，是德国广播电视联合会（ARD）和欧洲广播联盟（EBU）的成员。DW遵循《德国之声法》独立制作节目，不受政府干预，由广播委员会和行政委员会共同管理。

德国之声起源于西德政府创办的广播机构，总部位于波恩和柏林。其全球记者网络遍布布鲁塞尔、华盛顿特区、基辅、里加、新德里、雅加达、伊斯坦布尔、耶路撒冷、台北、贝鲁特、伦敦、金沙萨、拉各斯、开普敦、内罗毕、波哥大和华沙等地。截至2024年7月，每周使用情况分别为：撒哈拉以南非洲9100万、亚洲5500万、拉丁美洲5100万、北美洲3900万、中东和北非3800万、欧洲3500万、东欧和中亚1100万。

DW在全球60多个国家拥有超过1500名正式员工和1500多名合同员工，他们与波恩和柏林的同事们共同制作广播、电视和互联网资讯服务。节目以29种语言广播，电视节目则使用德语、英语、西班牙语和阿拉伯语播出，内容涵盖国际新闻、德国介绍以及德国与其他国家的双边交流。1965年3月7日，德国之声中文编辑部成立，目前有近20名工作人员，并在全球范围内拥有一个通讯员网络。德国之声中文部通过信件、电话、电邮与听众联络，并于2006年开通手机简讯平台。2018年开始，德国之声在中国台北设立亚洲办公室。

德国之声学院（DW Akademie）是德国之声媒体开发、媒体咨询和记者培训的国际中心。它为全球合作伙伴和客户提供多样化的媒体培训与咨询服务。学院与广播机构、媒体组织和大学合作，尤其在发展中国家和转型国家，推动自由和独立媒体的成长。主要资助来自德国联邦经济合作与发展部，其他资助来源包括德国外交部和欧盟。学院提供的新闻培训项目为期18个月，旨在培养有志青年记者，涵盖广播、电视和网络的编辑技能。该项目面向德国及德国之声目标传播地区的记者。

（四）俄罗斯RT

RT（今日俄罗斯，原名"Russia Today"）作为一个自治的非营利机构，得益于俄罗斯联邦预算的公共资助，是第一家全数字化的俄罗斯电视频道。RT通过卫星、有线电视及网络平台，将新闻传递至千家万户。其口号"问无止境"（Question More）体现了RT致力于为那些渴望深度探究的观众提供优质新闻内容。RT专注于报道主流媒体遗漏的故事，提供对时事的独特视角，并向国际观众展示俄罗斯对全球重大事件的观点。

自2005年首个国际频道开播以来，RT已发展成为全球性的电视新闻网络，以十种语言——英语、阿拉伯语、西班牙语、法语、德语、塞尔维亚语、中文、印地语、葡萄牙语和俄语——播报时事、突发新闻和纪录片。RT的下属国际视频新闻通讯社RUPTLY提供直播、视频点播、存档素材和广播服务。如今，RT可覆盖全球100多个国家/地区，拥有超过8亿的电视观众。

2013年，RT在YouTube上创下了新闻网络的里程碑，成为首个观看次数超过10亿次的新闻网络。2017年11月，《环球时报》总编辑胡锡进对RT给予了高度评价，"我认为，今日俄罗斯电视台做得很棒，为很多西方国家的媒体做出了榜样，直言不讳，非常有战斗力。我去过今日俄罗斯电视台，他们的硬件装备并不是很先进，但是影响很大。他们做到了很多第三世界国家媒体做不到的，我很佩服他们。不仅是美国，英国也曾对RT采取过不好的行动，但是这恰恰证明了RT有影响力，才会遭到这样的打击报复和压制。我希望他们能够坚持下去，别怕西方对他们的压力。"

到了2020年，RT再次刷新纪录，成为世界上首个在YouTube上频道观看次数达到100亿次的电视新闻网络。根据RT官网数据，仅在2024年，RT的在线浏览量便超过230亿次，进一步证明了其在全球媒体领域的重要地位。

（五）法国France 24

France 24（法国24，法语：France vingt-quatre）是法国一家国际新闻频道，由法国政府鼎力支持，其总部坐落于巴黎市郊的伊西·莱·莫利诺。该频道以法语、英语、阿拉伯语和西班牙语，向全球5.217亿家庭传递着24小时不间断的资讯盛宴。

据统计，这四个频道每周的电视观众总数高达1.017亿（2022年数据）。遍布全球的近160位通讯员，构成了France 24的强大网络，为每个国家带来法国视角下的全球事务解读。无论是通过有线电视、卫星电视、DTT（地面数字电视）、非对称数字用户线路（ADSL），还是手机、平板电脑和联网电视，甚至是YouTube，观众都能轻松获取这四种语言的新闻内容。在数字平台方面，France 24每月吸引着2320万次的访问量和2.131亿次视频观看（2022年数据）。在社交媒体领域，France 24在Facebook、X（原Twitter）和Instagram（照片墙）上拥有约6300万的忠实粉丝。

France 24的口号——"超越新闻"（Beyond the News），彰显了其独特定位。与法国国际广播集团（RFI）、蒙特卡洛中东电台一同隶属于法国国营国际广播公司法国世界媒体（FMM），France 24以蓝色为主色调，区别于其他两者的红色基调。创立之初，France 24便立志从法国视角出发，提供不同于英国BBC和美国CNN的新闻节目。其节目更注重辩论性、对话性和文化差异。在英语频道方面，France 24力争成为德国之声、半岛电视台新闻频道、今日俄罗斯英语频道和Press TV的有力竞争者；而在阿拉伯语频道方面，则立志与半岛电视台阿拉伯语频道和今日俄罗斯阿拉伯语频道一较高下。

（六）美国CNN

CNN（美国有线电视新闻网，全称：Cable News Network）是美国一家通过有线电视和卫星电视播出的新闻频道，由特德·特纳于1980年创立，最初由特纳广播公司运营，目前隶属于华纳兄弟探索集团。该频道向全球播出，其总部和主要播报室位于美国佐治亚州的亚特兰大。CNN分为面向美国和加拿大观众的CNN/U.S.，该频道聚焦于美国国内新闻及新闻评论，以及面向全球观众的CNN International（CNN国际新闻网络），专注于国际新闻报道。两个频道在黄金时段会联合播出部分节目，并在重大突发新闻发生时进行共同直播。

CNN在全球设有37个分社，其新闻报道得到全球1000多家附属机构的补充和支持。CNN的20多个品牌网络和服务为200多个国家及地区的20多亿人口提供资讯。在美国，CNN覆盖约8000万户家庭。CNN Digital是领先的在线新闻平台，每月全球独立访客数量超过1.5亿。CNN International的覆盖范围超过3.47亿个全球家庭。CNN以其对重大新闻的现场直播和深入戏剧性的报道而著称。有学者指出，CNN等电视新闻在追求即时性、真实感和现场感的同时，模糊了新闻与娱乐的界限，往往忽视了事实之间的联系和意义，使得新闻报道看起来像是永无止境的情景喜剧，被批评为"一英里宽，一英尺深"的表面化报道，宛如"栩栩如生的墙纸"。

面对"过于以美国为中心"的指责，以及来自BBC、天空新闻台（Sky News）和半岛电视台的竞争，CNN International现在为不同地区提供定制化的新闻内容。CNN在全球的分部和新闻中心聘请了大量当地记者，确保从本土和国际视角报道新闻。在市场份额和收视率上，CNN与福克斯新闻台并驾齐驱，是美国的主要新闻频道之一。

（七）日本NHK

NHK（日本放送协会，日语：にっぽんほうそうきょうかい Nippon Hōsō Kyōkai，英语：Japan Broadcasting Corporation），作为日本唯一的公共广播机构，致力于向全球传播日本的声音，其宗旨是加深世界对日本的了解，口号为"Your Eye on Asia"（您的亚洲之眼）。该机构在全国设有54个广播站点，包括涩谷、东京等地，并在全球拥有29个报道中心。截至2023年，职员人数达10268人。NHK的业务涵盖国内外广播，通过英语和日语向全球播报新闻资讯。

日本实行公共广播与商业电视并存的体制，NHK作为公共广播机构，不播放广告，资金来源于收视费，力求节目内容的商业中立。作为日本最重要的综合性媒介机构，NHK在海外享有广泛影响力。

NHK成立于1925年，是亚洲地区最早设立且最具影响力的广播机构之一。历经二战后重建，1950年通过"电波三法"确立为公共广播机构，独立于国家，为国民福祉服务。NHK在广播电视技术发展上始终走在前列，从1937年的电视试验到2000年的数字广播电视开播，不断推动电视技术的发展。目前，NHK的广播电视信号覆盖日本99%的地区。作为公共广播机构，NHK的业务、预算及委员会成员任命均需得到日本国会认可。经营委员会由12名来自各界的人士组成，负责最高决策。

在全球化浪潮中，面对如默多克新闻集团在日本成立的日本天空广播公司（JskyB）以及收购五大广播公司之一的朝日电视台20%的股份等挑战，NHK积极应对。1998年开播"NHK World TV"，播出对象以在海外居住和工作的日本人、游客为主，渴望了解日本的外国人为辅。节目内容以新闻、资讯为主，包括《早安日本》等新闻节目，以及多以双语（日语、英语）播出的《新闻瞭望》（*NHK News Watch*）等多个节目。NHK还与其他国家和地区的广播电视机构合作，如与中央广播电视总台合作拍摄纪录片《丝绸之路》《黄河》等。考虑到历史背景和NHK的公共性质，NHK在海外拓展时始终谨慎行事，自我约束，因此在邻国和全球范围内树立了一个良好且值得信赖的形象。

（八）印度Zee TV

Zee TV是印度的一家电视台，是印度电视网络公司Zee娱乐有限公司（Zee Entertainment Enterprises Ltd）的旗舰频道。自1992年10月开播以来，通过有线电视和卫星电视网络向全球播出，目前已经是印度最大的商业电视传媒之一。

Zee TV的成立，不仅推动了印度卫星电视和有线电视行业的蓬勃发展，而且其节目内容的受欢迎程度，源自人们对印度文化和信仰的深刻理解。该台的节目库丰富多样，满足了广大印度中产阶级的娱乐需求，既有展现印度民间才艺的非虚构节目，也有在娱乐中传递深刻社会信息、促进社会积极变革的小说节目。

Zee TV的影响力不仅限于印度本土，它凭借在节目制作上的实力以及对于海外市场对印度娱乐需求的洞察，于1995年、1998年分别在英国/欧洲、美国和非洲推出，并在五大洲广泛传播。如今，Zee TV覆盖超过173个国家和地区，拥有超过1亿的全球观众，构建了强大的品牌资产，成为服务南亚侨民的最大媒体品牌。

顺应数字娱乐的时代潮流，Zee Entertainment Enterprises Ltd.推出了ZEE5，这是一个全新的数字娱乐平台。ZEE5提供12种语言的内容，包括英语、印地语、孟加拉语、马拉雅拉姆语、泰米尔语、泰卢固语、卡纳达语、马拉地语、奥里雅语、博杰普尔语、古吉拉特语和旁遮普语，拥有超过10万小时的点播内容和90多个直播电视频道。ZEE5汇聚了原创节目、印度及国际电影电视、音乐、儿童内容、电影戏剧（Cineplays）、电视直播节目（Live TV）以及健康和生活方式等多种优质内容，为用户提供了一站式的娱乐体验。

（九）英国BBC

BBC（英国广播公司，全称：British Broadcasting Corporation）是英国领先的国家公共媒体机构。其起源可追溯到1922年成立的英国广播有限公司（British Broadcasting Company Limited，通称：British Broadcasting Company，简称BBC），并在1927年获得皇家特许状后重组为现公司。最初，BBC仅提供无线电广播服务，直至1936年推出电视服务，成为世界上首个电视台。1967年，BBC通过彩色信号直播温布尔登网球锦标赛，标志着彩色电视时代的到来。作为英国法定法人机构之一，BBC目前接受传媒大臣的监管，其运营资金主要来源于英国民众缴纳的电视牌照费。

如今的BBC作为一家在全球享有盛誉的传媒机构，提供三类主要服务：英国公共服务、全球新闻服务以及商业服务。在英国公共服务方面，BBC通过电视、广播和数字平台，为英国各地观众提供丰富多样的节目、内容和服务。这包括覆盖全英国的电视服务、网络电台服务以及数字服务等。在全球新闻服务方面，BBC致力于为英国及全球观众提供准确、公正和独立的新闻报道。BBC全球服务部（BBC World Service）作为BBC的国际广播部门，通过广播、电视和数字平台向全球提供广泛的节目和服务，每周触及约3.18亿听众（根据BBC 2023年全球观众测量数据）。它是英国重要的文化输出媒体之一，旨在告知和激励全球受众，帮助他们理解我们所生活的世界。BBC全球服务以42种语言（包括英语）运营，拥有全球视野和专业知识，通过分布在59个国家/地区、73个城市的BBC新闻工作者和支持团队，为观众提供真正的国际新闻服务。在商业服务方面，BBC拥有两家商业子公司：BBC工作室（BBC Studios）和BBC工作室业务部（BBC Studioworks）。前者专注于为英国及国际观众制作高品质的英国内容，并将其呈现给全球观众；后者则主要向所有主要电视广播公司和制作公司提供工作室和后期制作服务。

第二节　代表性传媒集团与互联网企业

在国际传播的复杂网络中，代表性传媒集团与互联网企业扮演着至关重要的角色。它们不仅是内容创造和分发的主导力量，也是塑造全球信息流向的关键节点。对于寻求国际化发展的企业而言，深入了解这些集团和企业的运作模式和市场影响力是不可或缺的。本节根据英国品牌评估机构"品牌金融"（Brand Finance）发布的"2024全球媒体品牌价值50强"榜单，择选出腾讯控股、字节跳动等中国传媒巨头，Alphabet（字母表）、Comcast（康卡斯特）、Meta（元）、Paramount（派拉蒙全球）、The Walt Disney（华特迪士尼）和Warner Bros.Discovery（华纳兄弟探索）等国际巨擘进行介绍。这些集团不仅拥有庞大的用户基础，更具备跨平台、跨文化的传播能力，为企业在国际市场中的品牌塑造和产品推广提供了广阔的舞台。希望通过本节的逐一介绍[①]，能够帮助企业把握国际传播的脉搏，制定更为精准的传播策略。

一、中国传媒集团与互联网企业

（一）腾讯控股 Tencent

腾讯控股有限公司，简称腾讯，是一家享誉全球的中国跨国企业。自1998年11月由马化腾等五位创始人携手创立以来，腾讯以深圳南山区腾讯滨海大厦为总部，办公地点遍及亚太地区、美洲、欧洲、中东及非洲等地。腾讯旗下拥有中国大陆最受欢迎的社交软件——腾讯QQ和微信，以及最大的网络游戏社区腾讯游戏。在电子书领域，阅文集团是其重要组成部分，

---

① 信息资料系综合维基百科及各集团官方网站内容整理而成。

运营着QQ阅读和微信读书等知名产品。值得一提的是，微信在"2024全球媒体品牌价值50强"榜单中位列第6名，彰显了其强大的品牌影响力。

2004年，腾讯在香港交易所挂牌上市，2016年成为亚洲市值最高的上市公司，2017年成为亚洲首家市值突破5000亿美元的公司。同年，腾讯首次进入《财富》杂志世界500强排行榜，位列478位。腾讯秉持"用户为本，科技向善"的愿景和使命，始终将用户价值放在首位，将社会责任融入产品和服务之中。公司致力于科技创新与文化传承，推动各行各业升级，为社会的可持续发展贡献力量。

腾讯的业务架构分为六大事业群：CDG（企业发展事业群）、CSIG（云与智慧产业事业群）、IEG（互动娱乐事业群）、PCG（平台与内容事业群）、TEG（技术工程事业群）和WXG（微信事业群）。其中，IEG、PCG和WXG与传媒业务密切相关。IEG专注于网络游戏、电竞等互动娱乐业务，为中国及全球游戏用户提供高品质产品。PCG推动互联网平台和内容文化生态融合发展，整合QQ、QQ空间等各类社交平台，应用宝、浏览器等流量平台，以及新闻资讯、视频、体育等内容平台，为用户带来丰富多样的数字内容体验。WXG则负责微信生态体系的搭建和运营，依托微信，为各行各业提供智慧化升级解决方案。此外，腾讯还开发和运营邮箱、通讯录、微信读书等产品，不断丰富其业务版图。

（二）字节跳动ByteDance

字节跳动有限公司（ByteDance Limited），简称字节跳动，是一家崛起于中国北京的全球互联网技术巨头，自2012年3月创立以来，以其创新的产品矩阵和卓越的技术实力，引领了全球互联网行业的新潮流。公司旗下产品丰富多样，涵盖了今日头条、抖音、抖音火山版、西瓜视频、懂车帝、皮皮虾、飞书、番茄小说、巨量引擎、小荷健康、Faceu激萌及轻颜相机等众多知名应用。其中，今日头条和抖音/TikTok更是荣登"2024全球媒体品牌价值50强"榜单。

截至2018年，字节跳动的移动应用月活跃用户数突破10亿大关，公司估值高达750亿美元，一举超越Uber，成为全球最具价值的初创企业。截至2019年7月，字节跳动的产品与服务已覆盖全球150个国家和地区，支持75种语言，并在40多个国家和地区的应用商店中名列前茅。

字节跳动的成功故事，始于2012年8月推出的新闻推荐应用——今日头条。该平台通过分析用户的阅读和搜索习惯，智能推荐个性化的信息和文章。随着用户基数的增长和算法的不断优化，用户体验日益提升，用户黏性也随之增强。到了2014年中期，今日头条的日活跃用户已超过1300万。紧接着，在2016年9月，字节跳动推出了短视频平台抖音，用户可以创作和分享15秒的短视频，并可以借助丰富的滤镜效果。之后，抖音迅速在年轻人群体中走红，成为现象级应用。

相较于阿里巴巴、百度和腾讯，字节跳动在吸引海外年轻用户方面取得了更为显著的成就。公司在美国、东南亚、日本等国家和地区深受欢迎，被誉为中国科技企业中最成功的国际化案例。《经济学人》杂志甚至将其誉为首家真正走向国际的中国科技巨头。到2020年，字节跳动成为除苹果之外，唯一一家在中国和西方国家均拥有超过1亿用户的科技公司。在美国市场，TikTok已成为YouTube和Instagram等社交媒体平台的重要竞争者。

二、国外传媒集团与互联网企业

（一）Alphabet

Alphabet Inc.，中文译名为字母表公司，是一家位于美国加州的控股企业，成立于2015年10月2日。该公司由Google公司分割而来，继承了Google的上市公司地位及股票代码。Google在重组后，成为Alphabet旗下最大的子公司。Alphabet的版图涵盖了Calico（卡利科）、CapitalG（原Google Capital，投资部门）、Chronicle（纪事）、DeepMind（某人工智能实验室）、Google、Google Fiber（谷歌光纤）、GV（风投GV，原Google

Ventures）、Jigsaw（拼图）、Sidewalk Labs（人行道实验室）和X等众多子公司。其中，谷歌和YouTube在"2024全球媒体品牌价值50强"榜单中分别占据第1名和第8名的显赫位置。

Alphabet秉承创新和非传统为企业精神，致力于在全球范围内，为不同阶层的人们提供平等的获取知识的途径。为了巩固其在网络产业的领导地位，公司陆续收购了Android（安卓）、YouTube等操作系统和网络平台，并致力于机器学习、深度学习等人工智能技术的发展，广泛应用于语音助手、图片搜索等功能，以简化用户生活。此外，Gmail（谷歌邮箱）、Google Docs（谷歌文档）、Google Drive（谷歌云盘）、行事历等应用程序，也助力用户更智能、高效地工作。

Alphabet的主要盈利来源为线上广告。Google致力于为用户提供优质的广告体验，根据用户习惯精准投放广告。同时，Google还为广告主提供专业的后台统计数据，帮助他们更精确地了解目标受众。此外，Google还助力企业提升知名度，这也是其增强品牌认知度的重要业务之一。为了扩大在国际市场的份额，其推出的本土化版本和相关广告策略已取得显著成效。除了广告带来的丰厚收益，非广告收入的比重也在稳步上升。Google期望这一增长势头能够持续，并通过Google Cloud（谷歌云）、Google Play（谷歌商店）、硬件产品以及YouTube等平台和服务，不断推出产品订阅服务，以满足全球用户的需求。

（二）Comcast

康卡斯特，这个名字在全球通信领域内异常响亮，它是一家总部位于美国的全球通信业综合企业集团。凭借其Xfinity品牌，康卡斯特在全球电信及有线电视市场的收入均高居榜首，其影响力遍及世界各地。在美国本土，康卡斯特不仅是第二大付费电视服务商，更是首屈一指的有线电视和家庭互联网接入服务商，同时在家庭电话服务领域也位列第三。在"2024全球媒体品牌价值50强"榜单中，康卡斯特旗下的环球（Universal）、英国天空公司（Sky）和美国全国广播公司分别占据了第12名、第14名和第15名的显赫位置，彰显了其在媒体行业的强大实力。

康卡斯特的版图扩张得益于其多个主要部门的协同发展。英国天空公司便是其重要一员，自2018年康卡斯特成功收购其61%股份以来，康卡斯特的电视王国便延伸至欧洲的英国、意大利、德国等地，全球客户数量达到了约5200万。康卡斯特有线作为集团内部的有线服务事业部门，以Xfinity为主品牌，向广大消费者提供一揽子的有线电视、互联网接入和固定电话服务。此外，康卡斯特有线还通过康卡斯特商业品牌，为中小企业提供专业的连接服务，并通过康卡斯特企业（Comcast Enterprise）品牌，为《财富》1000强企业提供高端的连接解决方案。

康卡斯特的触角不仅限于传统服务，其内容分发网络和资产同样丰富。全美无线电视联播网（美国全国广播公司和世界电视网）是其重要组成部分，而多个有线电视频道——如MSNBC（有线新闻频道）、CNBC（Consumer News and Business Channel，财经电视台）、USA电视网、E!（Entertainment Television，E！娱乐电视）等的运营，更是巩固了其在电视内容领域的领导地位。环球影业作为其旗下的电影制片公司，不断推出叫好又叫座的电影作品，进一步扩大了康卡斯特在娱乐产业的影响力。

不仅如此，康卡斯特还拥有位于加利福尼亚州洛杉矶、佛罗里达州奥兰多、日本大阪以及中国北京的环球主题乐园及度假村，这些地方不仅是游客们的欢乐天堂，也是康卡斯特品牌力量的实体展现。康卡斯特通过这些多元化的业务布局，不仅为消费者提供了丰富多样的娱乐体验，也为整个通信和媒体行业树立了新的标杆。

（三）Meta

Meta Platforms, Inc.（商业名称：Meta），是一家总部位于美国加利福尼亚州门洛帕克的互联网科技公司，其业务范围广泛，涵盖了社交网络服务、虚拟现实、元宇宙等多个领域。这家公司旗下拥有全球知名的社交软件Facebook、Instagram、WhatsApp等，这些平台已成为人们日常生活中不可或缺的一部分。根据"2024全球媒体品牌价值50强"榜单，这三款产品分别位列第3名、第4名和第13名。

Meta的创立颇具传奇色彩，它由马克·扎克伯格与其哈佛学院的室友共同创立。最初，这个平台名为TheFacebook.com，后来简化为Facebook，这个名字一度成为社交网络的代名词。然而，在2021年10月28日，扎克伯格宣布将公司名称更改为Meta，这一举措标志着公司战略重心的转移，未来将更加专注于元宇宙的开发、扩展与应用。这个名字的灵感来源于希腊语，意思是"Beyond"（超越），充分体现了公司对未来主义的追求和创新精神。

Meta不仅提供社交网络服务，还推出了Facebook Messenger、Facebook Watch和Facebook Portal等一系列产品和服务。在不断发展壮大的过程中，Meta陆续收购了Instagram、WhatsApp、Oculus（某VR设备品牌）、Giphy（GIF动图搜索引擎）和Mapillary（某众包街景地图服务）等知名企业，并在Jio Platforms（Jio平台）持有9.9%的股份。这些举措进一步巩固了Meta在互联网行业的领导地位。根据企业官网的介绍，Meta的使命是构建人际关系的未来，并致力于研发使之成为可能的技术。目前，Meta的产品和服务已经覆盖全球超过30亿用户，让这些人能够轻松地分享想法、交流情感，并提供相互支持。目前Meta已成为全球最有价值的公司之一，与微软、亚马逊、苹果和Alphabet并驾齐驱，被誉为五大科技公司之一。

（四）Paramount Global

Paramount Global（中文名称：派拉蒙全球），一家雄踞美国的大众媒体与娱乐巨头，由全国娱乐公司控股，总部位于纽约市曼哈顿中城繁华的时代广场。该公司成立于2019年12月4日，前身是著名的维亚康姆CBS（ViacomCBS），由第二代CBS公司与维亚康姆合并而成，二者均源自初代维亚康姆的分支。据官网介绍，派拉蒙品牌在美国主要目标受众中位居首位，覆盖儿童、成人、非裔美国人和西班牙裔群体等，全球影响力触及43亿人，遍布180多个国家和地区，累计订阅者达到2.8亿。

派拉蒙的全球资产版图涵盖了派拉蒙影业、CBS娱乐、派拉蒙媒体电视网和派拉蒙流媒体等核心部门。派拉蒙影业不仅拥有电影与电视制片厂，还生产众多备受喜爱的内容。CBS娱乐掌握CBS电视网，部分持股CW电视网，并拥有多家电视台站，同时监管BET（Black Entertainment Television，黑人娱乐电视台）、VH1（Video Hits One，音乐电视频道）等频道及CBS品牌资产。派拉蒙媒体电视网由MTV电视网、Nickelodeon（尼克乐恩）电视网、Comedy Central（喜剧中心）、乡村音乐（CMT，Country Music Television）电视网、Paramount（派拉蒙）电视网和Showtime电视网等组成，覆盖广泛的娱乐领域。派拉蒙流媒体则推出了派拉蒙+和冥王电视等热门流媒体服务。

派拉蒙的触角还延伸至国际市场，其国际部门管理着付费电视网络的国际版及特定地区的资产，包括阿根廷电视台联合会、智利的智利国家电视台、英国电视五台和澳大利亚十号电视网等。此外，派拉蒙在2011年至2023年间持有意大利彩虹工作室约30%的股份。

派拉蒙的企业文化核心价值观体现在三个层面：乐观与决心，我们坚信在未来的多变环境中能够驾驭并蓬勃发展；包容性与合作，我们欢迎不同的声音，谨慎行事，共同努力把握机遇，迎接挑战；敏捷性和适应性，我们以企业家精神思考，面对变化保持弹性，迅速行动，预测并创造未来。这些价值观构成了派拉蒙不断前行的动力。

（五）The Walt Disney

The Walt Disney（中文名：华特迪士尼），这个名字象征着无限的创意与梦想，是一家源自美国的多元化跨国媒体集团。其总部坐落于加利福尼亚州的伯班克，追溯其历史，公司起源于1923年10月16日由华特·迪士尼和洛伊·迪士尼共同创立的"迪士尼兄弟卡通制片厂"（Disney Brothers

Cartoon Studio）。从那时起，迪士尼便开始了其传奇般的旅程，逐步发展成为全美领先的动画电影制作公司，并不断拓展其业务领域，涉足真人影视剧制作、主题公园等多个行业。

进入21世纪，迪士尼的版图进一步扩大。2000年起，公司开启了大规模的收购战略，先后将皮克斯动画工作室、漫威娱乐、卢卡斯影业等业界巨头纳入麾下，2019年更是完成了对21世纪福克斯（21st Century Fox）的震撼收购，巩固了其在娱乐产业的领导地位。

如今，华特迪士尼的业务范围已覆盖戏剧、广播、音乐、出版及网络媒体等多个领域，与好莱坞五大电影巨头公司、华纳兄弟探索公司以及康卡斯特旗下的NBC环球等形成了激烈的竞争关系。在"2024全球媒体品牌价值50强"榜单中，迪士尼旗下的品牌Disney（迪士尼）、ESPN、美国广播公司（ABC）和二十世纪电视公司（20th Television）分别位列第5名、第22名、第23名和第24名，展现了其强大的品牌影响力。

华特迪士尼及其子公司和附属公司构成了一个庞大的娱乐帝国，分为三个核心业务部门：迪士尼娱乐（Disney Entertainment）、ESPN和迪士尼体验（Disney Experiences）。迪士尼娱乐囊括了全球范围内的娱乐媒体和内容业务组合，包括日益增长的流媒体业务。ESPN则涵盖了ESPN网络、ESPN+以及公司的国际体育频道，为全球体育迷提供无与伦比的观赛体验。而迪士尼体验则是一个全球性的娱乐中心，它通过主题公园和度假村、游轮和度假体验以及丰富的消费产品（包括玩具、服装、书籍、视频游戏等），将迪士尼的故事、角色和特许经营权栩栩如生地呈现给世界各地的消费者。

（六）Warner Bros. Discovery

Warner Bros. Discovery（中文名：华纳兄弟探索），坐落于美国纽约市曼哈顿中城，是一家集大众媒体与娱乐于一体的综合性企业。该公司诞生于2022年4月8日，由从美国电话电报公司（AT&T）（American Telephone &

Telegraph，美国电话电报公司）剥离出来的华纳媒体和探索频道合并而成。作为全球领先的媒体和娱乐巨头，华纳兄弟探索公司致力于在电视、电影和流媒体领域，打造和传播最具差异化和完整性的内容与品牌组合。

其业务范围遍布全球220多个国家和地区，提供50种语言版本的内容，旨在通过一系列标志性品牌和产品，如探索频道（Discovery）、Max（某流媒体平台）、Discovery+（某流媒体品牌）、CNN（美国有线电视新闻网）、DC（某漫画品牌）、Eurosport（欧洲体育频道）、HBO（Home Box Office电视网）、HGTV（Home & Garden Television，家居园艺频道）、Food Network（美食网络）、OWN（Oprah Winfrey Network电视网）、Investigation Discovery（调查发现频道）、TLC生活频道、Magnolia Network（木兰花频道）、TNT（Turner Network Television，特纳电视网）、TBS（Turner Broadcasting System，喜剧频道）、truTV（真实娱乐频道）、旅游频道、动物星球、科学频道、华纳兄弟电影集团、华纳兄弟电视集团、华纳兄弟影业动画、华纳兄弟游戏、新线电影、卡通网络、成人游泳、特纳经典电影、西班牙发现、Hogar de HGTV（HGTV家居频道，西班牙语版）等，激励、告知和娱乐全球观众。值得一提的是，Discovery和HBO在"2024全球媒体品牌价值50强"榜单中分别位列第34名和第35名。

华纳兄弟探索公司的企业文化价值观体现在以下几个方面。

团队合作（Act as one Team）：我们相互信任，共同成功，携手成长。

创新未来（Create What's Next）：保持好奇心，勇于创新，着眼未来。

赋能表达（Empower Storytelling）：将创作者、消费者和合作伙伴置于核心，分享非凡故事。

倡导包容（Champion Inclusion）：赋能他人，勇敢无畏，追求公平。

梦想实现（Dream it & Own it）：坚定使命，迅速行动，驱动成果。

华纳兄弟探索公司以其独特的文化价值观和全球视野，不断推动媒体与娱乐产业的发展，为世界带来更多精彩内容。

第三节　代表性社交媒体平台

在国际传播的快车道上，代表性社交媒体平台发挥着不可替代的作用。它们是企业与全球消费者互动、建立品牌忠诚度的前沿阵地。企业需要充分关注这些平台的影响力，以便更好地利用其进行品牌传播和市场营销。本节根据2024年1月的月活跃用户数（MAU）挑选出全球月活跃用户数超过5亿的14个社交媒体平台进行介绍[①]（数据来源：Statista），希望能够帮助企业把握社交媒体传播的最新趋势，提升国际传播效能。

一、月活跃用户大于10亿的社交媒体平台

（一）Facebook——30.7亿

Facebook，隶属于美国科技巨头Meta，是全球知名的社交媒体和社交网络服务平台。2004年，马克·扎克伯格与四位哈佛同窗共同创立了Facebook，起初仅服务于哈佛学生，随后逐步向其他北美高校开放。自2006年起，Facebook向13岁及以上用户敞开大门，部分地区则为14岁。根据Statista数据，截至2025年2月，月活跃用户数高达30.7亿，位居全球之首。2021年，Facebook更名为Meta，标志着公司战略重心转向"元宇宙"的构建，以及虚拟现实和增强现实技术的深度开发。

Facebook的使用特色在于其帖子不受字符限制，支持图像和视频分享。用户通过"加好友"功能建立联系，需双方同意。帖子可见度可设置为公开、仅朋友可见、特定群组或私人定制。用户还可加入各类群组，这些群组由志趣相投的人组成，共享特定兴趣或活动。群组内的帖子默认仅成员可见。

---

① 信息资料系综合维基百科及各平台官方网站内容整理而成。

然而，Facebook也饱受争议，常因用户隐私泄露（如剑桥分析事件）、政治干预（如2016年美国总统大选）和大规模监控等问题受到批评。此外，平台还被指责对成瘾、自卑等心理问题有负面影响，以及因散布假新闻、阴谋论、侵犯版权的作品和仇恨言论等内容而引发争议。评论人士指出，Facebook在内容传播上过于放任，且为吸引广告商，有时会夸大用户数量。

（二）YouTube——25.1亿

YouTube，隶属于Google的美国社交媒体及在线视频共享巨头，由PayPal（贝宝）的三位前员工于2005年2月14日创立，总部位于加州圣布鲁诺。截至2024年1月，YouTube月活跃用户高达25.1亿，日均视频观看时长超10亿小时。

自2006年被Google收购以来，YouTube不断拓展，覆盖移动应用、网络电视，并不断与其他平台合作。平台内容丰富多样，涵盖音乐、视频、短片、新闻、纪录片、电影预告等，多数由个人创作，包括用户与企业赞助商的合作。传统媒体、新闻和娱乐公司也在此建立频道，扩大影响力，吸引用户关注。

YouTube实行功能分级，依据用户验证提供不同服务。基础功能包括上传视频、创建播放列表等；中级功能如直播、自定义缩略图；高级功能则涉及内容识别系统（Content ID）申诉、嵌入直播等。验证方式多样，如电话号码或频道历史，以提升功能可用性和使用限制。

YouTube社会影响力巨大，塑造流行文化，推动互联网趋势，造就众多名人富豪。然而，平台也面临批评，包括传播错误信息、侵犯版权、用户隐私问题、审查制度争议、儿童安全风险以及执行政策不一致等。尽管如此，YouTube仍是全球视频分享的领军平台。

（三）WhatsApp——20亿

WhatsApp是隶属于科技巨头Meta的即时消息（IM）和IP语音（VoIP）

服务。这款应用让用户能够轻松发送文本、语音和视频消息，实现语音与视频通话，还能分享图片、文档、地理位置等多媒体内容。WhatsApp客户端主要在移动设备上运行，同时也可通过电脑端访问。值得一提的是，注册该服务需绑定一个移动电话号码。

WhatsApp诞生于加利福尼亚州的山景城，由WhatsApp Inc.创立。2014年2月，Facebook以约193亿美元的价格将其收购。短短几年间，WhatsApp迅速崛起，到2015年已成为全球最受欢迎的消息传递应用。截至2020年2月，其全球用户数突破20亿。在美洲、印度次大陆以及欧洲和非洲的大部分地区，WhatsApp已成为主要的互联网通信工具。

在竞争激烈的消息服务市场，WhatsApp与众多对手展开角逐。其中包括iMessage信息、微信、Telegram（电报）、Viber（维伯）、LINE和KakaoTalk（某韩国品牌）等。特别值得一提的是，在WhatsApp服务中断和争议期间，Telegram和Signal的注册量均出现了显著增长。

面对竞争，WhatsApp不断从对手那里汲取创新灵感。例如，其网页版和群组功能便是受到Telegram的启发。然而，2016年，WhatsApp也因涉嫌抄袭当时尚未发布的iMessage版本功能而受到指控。尽管如此，WhatsApp依然在即时通信领域有着举足轻重的地位。

（四）Instagram——20亿

Instagram，是隶属于Meta Platforms的美国照片和视频共享社交网络服务，为用户提供了一个创意表达的平台。用户不仅能够上传媒体内容，还能利用丰富的滤镜进行编辑，通过主题标签进行分类，并利用地理标记与特定位置关联。内容既可公开分享，也可仅向特定关注者展示。此外，用户还能根据标签和位置搜索、浏览他人发布的精彩内容，并关注感兴趣的用户，将他们的动态纳入个人信息流。

作为一个以图像为核心的社交平台，Instagram支持iOS、Android、Windows 10和Web端使用，并允许用户将编辑后的照片分享至Facebook等其他社交媒体。该平台支持32种语言，包括英语、印地语、西班牙语、法语、韩语和日语等。

为了维护网络环境的健康，Instagram结合自动化算法、用户报告和人工审核，致力于识别并移除非法内容，如儿童虐待和恐怖主义宣传。同时，该平台还致力于打击网络欺凌、仇恨言论和虚假信息。在美国政府鲜有直接权力强制社交媒体删除内容的背景下，Instagram有时会自愿采取行动，尤其是在避免传播虚假新闻的敏感时期。例如，在2020年10月30日，为了遏制关于美国总统大选的错误信息，Instagram暂时移除了主题标签页面上的"最近"选项卡，以此减少虚假信息的传播。

（五）WeChat——13.1亿

Wechat（中文名：微信）这款由腾讯精心打造的即时通信、社交媒体与移动支付应用，自2011年问世以来，迅速崛起，至2018年已成为全球最大的独立移动应用，月活跃用户突破十亿大关。微信以其丰富的功能被誉为中国的"万能应用"和"超级应用"。

微信集成了多样化的通信方式，包括短信、语音消息、对讲机和贴纸，让用户能够在两人对话或群聊中轻松发送照片、视频、个人资料、优惠券乃至实时GPS位置。此外，微信的创新之处在于其消息撤回功能，用户可以在两分钟内撤回误发的信息，保障了沟通的隐私性和可控性。

微信的智能语音转文字功能，为用户在不宜听语音的场合提供了极大便利，同时，其表情符号识别功能也颇具趣味性，尽管这也引发了对隐私保护的关注。微信还巧妙地实现了距离感应技术，当手机贴近耳朵时，自动激活听筒模式，远离耳朵时则自动切换至扬声器，这一贴心设计有效避免了语音消息的意外外放。

微信不仅仅是一个通信工具，它通过这些细致入微的功能，构建了一个全方位的社交生态系统，让用户在享受便捷沟通的同时，也能体验到科技带来的智能与安全。

（六）TikTok——10.5亿

TikTok 在中国内地和香港对应产品是抖音，是字节跳动旗下的短视频托管服务。用户可上传时长3秒至60分钟的短视频，既可通过智能手机应用访问，也可在网页端浏览。自问世以来，TikTok 迅速崛起为全球最受欢迎的社交媒体平台之一，其推荐算法成功地将内容创作者和影响者与更广泛的受众连接。截至2020年4月，TikTok 全球移动下载量突破20亿次，同年被 Cloudflare 评为最受欢迎的网站，甚至超越了 Google。TikTok 的流行推动了美食和音乐趋势的病毒式传播，增强了平台在全球文化领域的影响力。

《纽约时报》在2020年将 TikTok 的算法评为最先进之一，它在塑造用户体验和社交互动方面独树一帜。与传统社交媒体不同，TikTok 不仅关注用户的点赞、点击或关注行为，而且在观看视频时监控更全面的行为。Wired 指出，这种全面的观察有助于算法的优化，而《华尔街日报》在2021年强调 TikTok 在理解用户偏好和情绪方面超越了其他平台。TikTok 利用这些洞察力推荐相似内容，打造出一个令用户难以抗拒的环境。

然而，TikTok 也面临着审查，原因包括数据隐私侵犯、心理健康问题、错误信息的传播、冒犯性内容，以及在以色列—哈马斯战争中的角色。多个国家因此对 TikTok 实施了罚款、禁令或限制，旨在保护儿童安全，以及出于对中国政府可能通过字节跳动收集用户数据的国家安全担忧。

二、月活跃用户5亿—10亿的社交媒体平台

（一）Messenger——9.31亿

Messenger，即 Facebook Messenger，是由 Meta Platforms 精心打造的美国即时通信服务。自2008年以 Facebook Chat 的身份问世以来，Messenger 已发展成为一款多平台的通信工具。它不仅支持 iOS 和 Android 移动设备，还兼容 Windows 和 macOS 桌面系统，用户亦可通过 Messenger.com 网页应

用或Facebook Portal硬件设备进行交流。

独立运营后，Messenger的用户数量迅速增长，2015年4月达到6亿，至2017年4月已飙升至12亿。在新冠疫情肆虐的2020年3月，全球多地隔离措施使得Messenger的消息流量激增50%，群组通话更是增长了1000%以上。截至2024年1月，Messenger的月活跃用户已达到9.31亿。

Messenger不仅支持发送消息、分享照片、视频、贴纸、音频和文件，还能让用户对好友的消息进行互动回应，并与智能机器人交流。此外，该服务还提供了语音和视频通话功能。独立的Messenger应用更上一层楼，支持多账户登录、端到端加密对话，以及丰富的游戏体验，为用户带来便捷而安全的通信享受。

（二）抖音——7.15亿

抖音是TikTok在中国内地和香港对应的产品，其介绍与前文TikTok一致。

（三）Telegram——7亿

Telegram，简称电报，是一款基于云计算的跨平台社交媒体及即时通信服务。自2013年8月14日上线iOS平台，同年10月20日扩展至Android平台，电报致力于为用户提供便捷的通信体验。用户可在电报上互发消息、分享媒体与文件，还能进行私密或群组的语音、视频通话，以及公共直播。电报兼容Android、iOS、Windows、macOS、Linux系统及网页浏览器。

电报在通话功能中实现了端到端加密，保障用户隐私安全。此外，电报的特色功能"秘密聊天"为用户提供了一种更为私密的信息交流方式。

电报不仅是一款通信工具，还具备社交网络属性。用户可在电报上发布故事、创建容纳高达20万成员的公共群组，还能通过频道功能向无数人发送消息。

电报由尼古拉·杜罗夫（Nikolai Durov）和帕维尔·杜罗夫（Pavel

Durov）兄弟于2013年创立，服务器遍布全球，设有多个数据中心，总部位于阿联酋迪拜。作为一款广受欢迎的即时通信应用，电报在欧、亚、非部分地区拥有极高的市场占有率。截至2024年，注册电报需使用智能手机或特定数量的NFT。

截至2024年1月，电报的月活跃用户已超过7亿，其中印度用户数量位居榜首。电报以其高效、安全的通信服务，赢得了全球用户的青睐。

（四）Snapchat——6.35亿

Snapchat，由Snap Inc.推出的美国即时消息应用，以"阅后即焚"著称。该应用的核心特色是图片和消息的瞬时性，仅在接收者查看后短暂显示。Snapchat已从最初的个人照片分享，演变为以"故事"和"发现"功能为主，为品牌提供了展示广告的平台。同时，用户可将照片安全存储在"我的隐私"区域。Snapchat还采用了端到端加密，并计划未来扩大其应用。

Snapchat的主要功能是创建"快照"，可以是照片或短视频，并支持添加滤镜、效果、文本和绘图。快照可私密发送或分享至"故事"，后者分为个人和公共故事。2012年12月，Snapchat增加了视频快照功能，用户可录制最长10秒的视频，后更新至60秒，分10秒段播放。视频一旦观看即消失。2014年5月，Snapchat新增了视频聊天和直接消息功能，结合实时营销和时间性策略，增强了应用的吸引力。

Snapchat由斯坦福大学的埃文·斯皮格尔（Evan Spiegel）、鲍比·墨菲（Bobby Murphy）和雷吉·布朗（Reggie Brown）创立，以移动优先和增强现实互动引领社交媒体新潮流。截至2024年1月，月活跃用户超6.35亿。该应用在年轻人中尤为流行，多数用户年龄在18—24岁之间。

（五）快手——6.26亿

快手，一家扎根北京海淀区的中国上市企业，由国资参股，自2011年起专注于打造短视频分享的移动应用、社交网络及视频特效编辑器。

快手的起步可追溯到2011年3月，当时以"GIF快手"之名亮相，是一款用于制作和分享GIF图片的应用。2012年11月，转型为短视频社区，用户可在此录制和分享视频。至2013年，日活跃用户数已达亿级。2017年3月，快手获得腾讯领投的3.5亿美元投资。到2018年1月，福布斯对其估值达180亿美元。

截至2024年1月，快手的月活跃用户数超6亿，在巴西等8个国家和地区的应用商店下载榜中位居前列。在巴基斯坦和印度尼西亚，以Snack Video的品牌深入人心，而在国际市场，则以"Kwai"著称。快手相较于竞争对手抖音，更受中国非一线城市及老年群体的青睐，其初期吸引力源自对中国农村生活的真实呈现。快手在盈利模式上也更倾向于电子商务，而不是广告收入。

2024年6月，快手推出了突破性的diffusion transformer文本转视频模型Kling，宣布能以30帧/秒的速度和1080p的分辨率，制作长达两分钟的视频。Kling模型与OpenAI的Sora模型并肩。公众可通过注册候补名单并使用中国电话号码，在快手旗下的视频编辑应用KwaiCut中体验这项尖端技术。

（六）新浪微博——5.84亿

微博，原名新浪微博（Sina Weibo），是中国领先的微博服务平台，由新浪集团于2009年8月14日推出。截至2024年1月，月活跃用户数达5.84亿，成为中国最大的社交媒体平台之一。微博在财务上表现卓越，股票市值飙升，广告收入丰厚，季度收入和总收益均创新高。

2014年3月，新浪微博作为独立实体分拆，简称"微博"，并在IPO（首次公开发行）中以"WB"代码上市。新浪持有11%的股份，而阿里巴巴在IPO后持有32%。微博于2014年4月17日开始公开交易。2017年，微博推出国际版。2018年，暂停14岁以下未成年人注册。2018年初，市值首次突破300亿美元。2019年，发起"蔚蓝计划"，清理平台上的不良信息。2020年9月，因中美关系紧张，微博宣布私有化。

微博是一个以用户关系为核心的信息分享、传播和接收平台。用户可通过网站或移动应用上传图片和视频，进行即时分享，其他用户可发表评论或使用多媒体消息服务。平台吸引了众多名人和媒体人士，以及政府、企业、非政府组织开设账户，发布和传播信息。尽管竞争激烈，微博依旧广受欢迎。微博功能丰富，支持用户：每篇文章最多上传18张图片/视频；向关注者发送个人消息；关注他人和被关注；发布类似Instagram"故事"的内容；使用表情符号回应帖子；获得可用于关联数字商店的货币奖励；查看热门帖子和显示发布地点；等等。微博以其独特的社交魅力，持续塑造着中国的数字社交文化。

（七）QQ——5.74亿

腾讯QQ，简称QQ，是由中国领先的科技公司腾讯推出的即时通信软件及综合性门户网站。QQ的服务范围广泛，包括在线社交游戏、音乐播放、网络购物、微博客、电影推荐以及群组和语音聊天等功能，为用户提供了全方位的互联网体验。截至2024年1月，QQ的月活跃用户数已达到5.74亿，显示出其在国内外市场的巨大影响力。

QQ账号采用数字组合，由系统在用户注册时随机分配。自1995年推出以来，账号长度从最初的5位数字扩展至目前的12位数字，以适应不断增长的用户群体。腾讯公司创始人马化腾持有的首个QQ号码为10001，象征着其在公司及产品中的领导地位。QQ会员资格的持续时间通常为一个月，若会员资格逾期未续费，相应的会员权益将被暂时冻结，直至用户选择续订。QQ的年龄计算方式独特，用户每次登录满2小时即视为一整天。根据这一规则，大约累计700小时的登录时间，可以使QQ年龄增加1岁。在2012年的QQ版本中，用户可以在个人信息页面查看到自己的QQ年龄，这一功能增强了用户的归属感和互动乐趣。

2004年，腾讯推出了QQ等级制度，这一系统展示了注册会员的活跃程度和在线时长。最初，等级制度完全基于用户在QQ上的在线时间，导致一些用户为了提升等级而长时间挂机，这种现象引起了社会对于能源浪费的担忧。为了响应这一关切，腾讯在多个部门的共同努力下，将等级计算的基础单位从小时改为天，鼓励用户更加合理地使用QQ。

QQ不仅是腾讯公司的旗舰产品，也是中国网络文化的一个重要标志。它以其多样化的功能和服务，深刻地影响了人们的沟通方式和生活习惯，成为连接亿万用户的数字桥梁。

（八）X——5.56亿

X，曾名Twitter。自2023年7月起更名，是全球领先的社交网络服务平台之一，也是全球访问量最高的网站之一。用户可在平台上发布短文本、图片和视频的"推文"，与其他用户进行内容互动。X平台功能丰富，包括直接消息、视频音频通话、书签、列表、社区、聊天机器人Grok、求职以及社交音频Spaces等。

Twitter由杰克·多尔西（Jack Dorsey）、诺亚·格拉斯（Noah Glass）、比兹·斯通（Biz Stone）和埃文·威廉姆斯（Evan Williams）于2006年3月创立，同年7月上线，发展迅猛。到2024年1月，月活跃用户超5.5亿。最初，Twitter以140字符的简短帖子著称，2017年增至280字符，2023年取消了对订阅账户的限制。然而，大量推文由少数用户制作，2020年估计有4800万账户（占15%）由互联网机器人而非人类操作。

X Corp.，是一家美国公司，埃隆·马斯克于2022年10月以440亿美元收购Twitter后成立，并于2023年3月接管Twitter, Inc.。马斯克旨在推动平台言论自由。然而，自收购以来，X因传播虚假信息和仇恨言论而受到批评。2023年6月5日，琳达·亚卡里诺接替马斯克成为CEO（首席执行官），马斯克继续担任董事长兼CTO（首席技术官）。2023年7月，马斯克宣布将Twitter更名为"X"，并弃用了鸟标志，这一变革于2024年5月完成。

第四节　代表性跨境电商应用

在国际传播的广阔天地中，代表性跨境电商应用成为企业拓展海外市场、实现全球化经营的重要桥梁。它们不仅是商品交易的平台，更是文化传播和品牌推广的窗口。企业在涉足不同地域时，必须了解当地主要的跨境电商应用，这能够帮助企业更好地适应市场环境，提升产品销量和品牌影响力。

本节将介绍包括Alibaba（阿里巴巴）、SHEIN（希音）和Temu（拼多多海外版）在内的中国电商平台，AliExpress（全球速卖通）、Amazon（亚马逊）和eBay（易贝）等国外主流电商平台，以及法国Cdiscount、韩国Gmarket、法国La Redoute、东南亚Lazada、俄罗斯Ozon和新加坡Shopee等地方电商平台①。这些应用各有千秋，覆盖了全球多个重要市场，为企业提供了丰富的国际传播资源和市场机遇。

一、中国电商平台

（一）Alibaba

Alibaba（阿里巴巴）集团，这家植根于中国的跨国科技巨头，以其在电子商务、零售、互联网及技术创新领域的卓越成就享誉世界。自1999年6月28日诞生于浙江杭州以来，阿里巴巴便致力于通过线上线下融合，为全球市场和中国本土消费者提供C2C、B2C和B2B②的多维度销售服务。其业务版图横跨数字媒体、娱乐、物流和云计算等多个领域，旗下拥有众多

---

① 介绍顺序依照首字母拼音顺序编排，信息资料系综合维基百科及各应用官方网站内容整理而成。

② C2C 即 Customer-to-Customer，消费者对消费者；B2C 即 Business-to-Customer，企业对消费者；B2B 即 Business-to-Business，企业对企业。

多元化的企业组合。

2014年9月19日，阿里巴巴在纽约证券交易所的IPO创下了250亿美元的筹资神话，市值飙升至2310亿美元，成为世界历史上规模最大的IPO。2018年1月，阿里巴巴成为亚洲第二家市值突破5000亿美元的公司，仅次于腾讯。这家公司不仅位列全球十大最有价值公司之列，更在福布斯2020年发布的全球企业2000强榜单中，荣膺全球第31大上市公司。

作为全球领先的零售和电子商务企业，阿里巴巴不仅是全球顶尖的风险投资和投资公司之一，更是金融科技领域的佼佼者，其金融科技部门蚂蚁集团（Ant Group）是亚洲领先的数字金融服务平台。阿里巴巴旗下拥有全球最大的B2B平台（Alibaba.com）、C2C平台（淘宝）和B2C平台（天猫），市场规模无可匹敌。

（二）SHEIN

SHEIN（希音），原名为ZZKKO，至2022年，已跃升为全球领先的时装零售商，总部位于新加坡。SHEIN不仅主打女装，还提供男装、童装、配饰、化妆品、鞋类、包袋等多元化时尚商品。它们的市场遍及欧洲、美洲、澳大利亚、中东及全球其他地区，服务覆盖150多个国家，拥有近1万名员工，其中女性员工占比达58%。

自2012年起步，SHEIN就致力于解决时尚界的难题，即如何在提供丰富选择的同时减轻库存压力。他们采纳按需制造技术，构建了灵活的供应链，有效减少了库存浪费，确保全球客户享受到经济实惠的时尚产品。他们的数字化供应链系统，快速而无缝地将商品送至全球消费者，专有软件的运用实现了销售实时跟踪与小批量订购，提高了生产与交付效率，避免了库存积压和客户漫长等待。

SHEIN的数字优先战略满足了消费者通过移动设备、在线平台和社交媒体随时购物的需求，使其成为最受欢迎的购物应用之一。平台内丰富的内容流进一步提升了客户的在线购物体验。

2022年，SHEIN在广州拥有超过3000家供应商。因应监管、国际扩张和财务考量，公司将总部迁至新加坡，同时保留在中国的供应链和仓库。同年，SHEIN实现了240亿美元的收入，市值达到惊人的1000亿美元，与时尚界巨头Zara和H&M齐名。

（三）Temu

Temu由中国电子商务巨头拼多多控股有限公司运营，是一家提供大幅折扣消费品的在线市场，大部分商品直接从中国运送给全球消费者。Temu的意思是"像亿万富翁一样购物"，旨在通过应用程序提供来自数百万商品合作伙伴、制造商和品牌的实惠优质产品。

Temu的产品由经验丰富的物流合作伙伴负责运送，发货地点根据所购商品的不同而有所差异。其优势在于构建了一个涵盖各种规模商品合作伙伴、制造商和品牌的网络，在提供丰富产品选择的同时，与物流供应链有着深厚的合作经验，并实现了消费者对制造商（C2M）的直连。

Temu于2022年在美国马萨诸塞州波士顿成立。自2022年9月在美国上线以来，Temu迅速扩张，于2023年2月超级碗比赛期间投放广告，并在同年3月进入澳大利亚和新西兰市场。随后，Temu进军欧洲，包括法国、德国、意大利、荷兰、西班牙和英国，最终扩展至拉丁美洲。2024年1月17日，Temu在南非上线，成为自推出以来进入的第49个国家。

尽管Temu的商业模式受到消费者欢迎，但它也面临着数据隐私、强迫劳动、知识产权和市场产品质量等方面的担忧。

二、国外主流电商平台

（一）AliExpress

AliExpress（全球速卖通），隶属于中国电商巨头阿里巴巴集团，是一家总部位于中国的在线零售服务平台。自2010年启动以来，全球速卖通已成为小企业通往国际市场的桥梁，服务网络覆盖中国、新加坡等地区。在俄罗斯，它是最受欢迎的电子商务网站，而在巴西，也跻身最受欢迎网站前十名。

全球速卖通起初定位于B2B交易门户，现已拓展至B2C、C2C、云计算和支付服务等领域。截至2016年，平台支持包括英语、西班牙语、韩语、荷兰语、法语、意大利语、德语、波兰语、土耳其语、葡萄牙语、印度尼西亚语、俄语、乌克兰语、越南语、日语、泰语和其他语言在内的多语种服务，覆盖全球多个国家和地区，成为跨境交易的优选平台。

截至2024年3月，全球速卖通移动应用用户数达到818万，同比增长130%，创下自2016年统计以来的最高纪录。与eBay相似，全球速卖通上的卖家多为独立个体，通过平台向全球买家提供商品。平台上的卖家既有公司也有个体工商户，与亚马逊不同，全球速卖通仅作为电子商务平台，不直接参与产品销售。

（二）Amazon

Amazon（亚马逊），是一家享誉全球的美国跨国科技巨头，业务涵盖电子商务、云计算、在线广告、数字流媒体和人工智能领域。自1994年由杰夫·贝佐斯（Jeff Bezos）在华盛顿州贝尔维尤市创立以来，亚马逊已从最初的在线图书市场演变为包罗万象的"万物商店"，产品线不断扩展。

作为电子商务平台的领军者，亚马逊网站提供从媒体（书籍、电影、音乐和软件）到服装、婴儿用品、消费电子产品等数十个品类的商品。用户还能在这里找到美容产品、美食、杂货、健康和个人护理产品等，覆盖了工业、科学、厨房用品、珠宝、手表、草坪护理、乐器、体育用品、工具、汽车用品、玩具、游戏乃至农场用品，并提供咨询服务。Prime服务更是提供了超过3亿种商品的快速免费配送，涵盖了35个以上的品类，包括家居、服装、美妆、杂货等日常必需品。

自2008年以来，亚马逊网站的访问量显著增长，从每年6.15亿人次增加到2022年的每月超过20亿人次，成为全球访问量排名第12的网站。

2024年2月，亚马逊推出了首个聊天机器人Rufus，并在美国率先试用。到同年7月，这项服务已向所有美国买家开放。如今，Rufus在美国、印度和英国上线，为购物者提供产品推荐、购物清单建议、产品比较服务，并查看其他客户对特定问题的回答，极大地提升了购物体验。

（三）eBay

eBay（易贝），这家位于加利福尼亚州圣何塞的美国跨国电子商务巨头，为全球190个市场的用户提供了买卖商品的在线平台。用户可通过零售购买或在线拍卖、即时购买功能查看和交易商品，eBay则在交易成功时向卖家收取佣金。自皮埃尔·奥米迪亚（Pierre Omidyar）于1995年9月创立以来，eBay每年吸引着1.32亿活跃买家，2023年处理的交易额高达730亿美元，其中近半数发生在美国。如今，eBay已构建起一个连接全球数百万卖家与买家的庞大网络。

在eBay上，个人、企业乃至政府都能买卖几乎任何合法、无争议的物品。采用维克瑞拍卖（密封出价）代理系统的eBay，让买卖双方在交易后互相评分和评论，从而建立起一个信誉体系。用户可通过网站或移动应用访问eBay服务，开发者亦可利用eBay API开发集成应用。商家还可通过eBay的联盟营销计划赚取佣金。

eBay的宗旨是帮助卖家拓展客户群、发展业务，同时为买家提供探索庞大库存、做出个性化选择的购物体验。历经25年发展，eBay致力于创新，不断采纳AI、计算机视觉、自然语言处理和机器翻译等技术，为买家、卖家和开发者打造鼓舞人心的电子商务体验，这些创新成为其业务增长和提高客户忠诚度的基石。

三、地方电商平台

（一）法国Cdiscount

Cdiscount，作为法国第三大电子商务平台，仅次于Amazon.fr（亚马逊法国网站）和Veepee.fr（唯品会法国网站），隶属于Casino（卡西诺）集团旗下电商分支Cnova（西诺瓦）。每月网站都将迎来2000万用户的访问，业务范围横跨法国、比利时、德国、西班牙、意大利和卢森堡六个国家。

Cdiscount网站以其丰富的商品和服务闻名，在线零售网络涵盖约40个品类，包括文化产品、高科技、IT、家用电器及个人电子产品等。他们不断拓展业务边界，纳入金融、保险、旅游、葡萄酒、手机订阅等高潜力领域，以满足客户多样化的需求。

2006年，Cdiscount在法国波尔多附近的勒布斯卡（Le Bouscat）开设了首家试点实体店，利用网站销售数据精选最畅销商品。该店亦作为小件包裹的便捷取货点。2011年，Cdiscount又在巴黎第7区的巴克街（Rue du Bac）开设了第二家门店。这家店铺展示了网站上的2000多种热销产品，从高科技、IT、电器到玩具、DVD、视频游戏，乃至葡萄酒和烈酒，应有尽有，为顾客提供了全方位的购物体验。

（二）韩国Gmarket

Gmarket，是一家扎根于韩国的电子商务巨头，自2000年成立以来，已成为Interpark的子公司，并于2009年被eBay以重金收购，后转手以3.4万亿韩元的价格卖给了新世界集团。

Gmarket的商业模型主要依赖于向卖家收取费用，这些费用基于商品售价、起始价格以及广告费用。2005年，Gmarket宣布提高对店铺卖家的收费，引发了市场的广泛讨论。为缓解争议，Gmarket总裁亲自致信所有用户，承诺将降低其他费用。值得注意的是，Gmarket并不直接参与商品物流或买卖双方的支付过程，除非通过其子公司的信用服务。其运作模式类似于报纸广告，卖家依赖买家的诚信支付，买家则依赖卖家的诚信来确保商品完好无损地交付。

为了增强交易的可信度，Gmarket维护了一个公开的用户反馈评级系统，无论买卖双方，交易后的评价都会被记录和展示。我们鼓励买家在出价前查阅卖家反馈，以评估其信誉。高评分的卖家往往能吸引更高的出价和竞买兴趣。然而，卖家可以选择将反馈设为私密，仅展示评级统计（包括正面、负面和中性反馈的数量及比例），这样出价者和卖家就无法看到具体的评论内容。此外，Gmarket还推行了一项联盟计划，允许成员在其网站上展示实时Gmarket购物产品图片和链接，进一步扩大其市场影响力。

（三）法国La Redoute

La Redoute成立于1837年，由约瑟夫·波莱特（Joseph Pollet）创办，是法国家居与时尚电商的领军品牌。作为法国第二大女装零售商和第三大亚麻布销售商，La Redoute的电子商务网站（www.laredoute.com）在服装与家居装饰领域独占鳌头，每月吸引超过700万独立访客。公司业务遍布26个国家，拥有超过1000万活跃客户。

La Redoute的国际扩张战略是其增长的关键。这一战略围绕三个核心，即子公司、laredoute网站和合作伙伴关系展开。公司在比利时、意大利、葡萄牙、俄罗斯、西班牙、瑞士和英国设有直接办事处，通过这些子公司，La Redoute将其高级成衣系列（Collections）、家居系列（Intérieurs）和AMPM时尚轻奢线推向全球市场，同时兼顾各地独特需求。

La Redoute通过与希腊、毛里求斯等市场的分销商建立合作关系，进一步巩固了其国际地位。目前，公司正着手在留尼汪岛、韩国、沙特阿拉伯和阿拉伯联合酋长国开拓新的合作伙伴关系，以实现更广泛的市场覆盖。La Redoute的每一步战略部署，都旨在将其独特的法式风格与品质生活理念传递给全球消费者。

（四）东南亚Lazada

Lazada自2012年成立以来，已成为东南亚电子商务领域的领军企业。企业遍布印度尼西亚、马来西亚、菲律宾、新加坡、泰国和越南六大市场，通过先进的技术、高效的物流和便捷的支付系统，将这片多元而辽阔的地区紧密相连。目前，Lazada拥有丰富的品牌和卖家资源，致力于到2030年为3亿消费者提供优质服务。2016年，Lazada成为阿里巴巴集团的区域旗舰，并得到了阿里巴巴一流的技术基础设施的支持。截至2019年9月，Lazada的活跃买家数量已达到5000万。在东南亚电商行业中，Lazada常与新加坡Shopee（虾皮）、印尼Tokopedia（托克匹迪亚）和印尼Bukalapak（布卡拉帕克）等平台相提并论。

2018年，Lazada推出了LazMall（来赞达商城），这是东南亚最大的虚拟购物中心，汇集了32000多个国际和本地知名品牌。LazMall为零售业树立了新标杆，提供100%正品保证、快速配送和15天无理由退货服务，成为品牌和卖家直接与消费者互动、打造个性化购物体验的首选平台。

Lazada的成功离不开三大核心支柱。一是物流，企业凭借端到端的物流能力和对供应链的全面掌控，实现了商品的快速配送。Lazada在17个东南亚城市设有配送中心，其投资不仅在仓库、分拣中心，还包括数字技术，以强化合作伙伴网络和跨境及最后一公里的配送安排。二是技术，企业利用现有和新兴技术，重新定义了零售体验，通过实时数据分析，快速响应市场需求，将消费者与品牌紧密相连，打造了一个集购物与娱乐于一体的零售目的地。三是支付，企业致力于构建东南亚最安全的支付和金融服务基础设施，为不同发展阶段的电子支付和电子商务提供多样化的支付选项，让消费者能够轻松、放心地完成数字支付。

（五）俄罗斯Ozon

Ozon，被誉为"俄罗斯的亚马逊"，是俄罗斯最早的电子商务公司之一，成立于1998年，最初仅是一家在线书店。到2019年，它已跃升为俄罗斯三大在线零售平台之一，并在2020年被福布斯评为俄罗斯最有价值互联网公司第三名。

Ozon提供超过900万种商品，涵盖20多个类别，包括服装、杂货、家居用品和电子产品。随着商品种类的丰富，2019年公司的订单量显著增长。

公司自建配送网络，覆盖俄罗斯11个时区。2019年初，Ozon推出Ozon.Invest服务，为中小型企业提供贷款，支持它们在平台上销售商品。Ozon还首创多品类在线购物消费贷款，并发行了具有返现功能的自有借记卡。2019年，Ozon步入"高速增长"阶段，全年销售额飙升至11亿美元，增长93%，订单量翻了一番以上，达到3220万。2020年第二季度，公司营业额同比增长188%，上半年达到774亿卢布，同比增长152%。首席财务官丹尼尔·费多罗夫（Daniil Fedorov）指出，新冠疫情促进了俄罗斯消费者在线购物习惯的形成。

自2018年起，Ozon为第三方卖家提供运营市场平台。到2020年6月，平台拥有超过13000名卖家，占网站商品类别的85%以上。2021年11月，Ozon宣布从2022年初开始在俄罗斯小镇试点设立取货迷你点，每个点至少15平方米。2022年8月，Ozon推出个人商品销售广告服务，在罗斯托夫地区进行试点。

（六）新加坡Shopee

Shopee，是一家崛起于新加坡的跨国电商科技公司，隶属于Sea Limited。自2015年成立以来，Shopee迅速将其业务版图从新加坡拓展至全球多个国家和地区。起初，Shopee定位于消费者对消费者（C2C）市场，后转型为融合企业对企业（B2B）与企业对消费者（B2C）的混合模式。公司携手超过70家快递服务商，为用户提供全方位的物流支持。

2016年，Shopee推出了Shopee大学（Shopee University），这是一个专注于培养当地企业家和企业的在线商务技能教育平台。到了2017年，Shopee商城（Shopee Mall）在新加坡和菲律宾上线，汇集了约200个知名品牌。为了在激烈的电商竞争中脱颖而出，Shopee推出了自己的网站，并推出了独特的托管服务Shopee托管（Shopee Guarantee）。该服务通过暂扣卖家款项直至买家确认收货，确保了交易的安全性。

截至2023年，Shopee已成为东南亚最大的电子商务平台，商品交易总额（GMV）高达479亿美元，几乎占据了东南亚市场GMV的半壁江山。此外，Shopee还为东亚和拉丁美洲的消费者与卖家提供了便捷的在线交易服务。

第六章

企业国际传播实务指南

第一节　境外短视频创作

在全球化与数字化浪潮交汇的背景下，短视频作为新兴传播媒介，已成为企业国际传播战略中的关键路径。凭借其便捷的制作形式、即时的传播效果以及强大的用户互动能力，短视频突破了传统传播形式的限制，为企业提供了一种高效触达境外用户的工具。

然而，短视频创作在国际传播实践中的应用并非一蹴而就。受限于文化差异、语言障碍和传播语境的多样性，企业在境外市场实施短视频传播时需要更高水平的理论支撑和实践经验。特别是在用户文化习惯高度异质化的背景下，短视频内容的本地化与传播路径的精细化设计，成为企业实现品牌国际化的重要议题。

本节系统梳理境外短视频创作的核心策略与实践路径。通过结合跨文化传播理论、新媒体传播模型及典型案例分析，本节将为企业提供科学化、系统化的指导，帮助其在国际传播实践中构建更加有效的短视频传播体系。

一、短视频的全球化传播趋势

在传播视频化、视频碎片化、碎片移动化的时代，短视频成为信息传播、社会连接的重要载体和传播形式。从媒介历史的发展来看，短视频是融合语境下的创新产品，具有全新的创作规律和传播特点，此外还兼具社会交往属性。近年来，短视频凭借其短小精悍、信息密度高的特点，在全球传播格局中占据了重要位置。以 TikTok、Instagram Reels、YouTube

Shorts 为代表的短视频平台，不仅吸引了来自不同文化背景的海量用户，也逐渐成为企业传播品牌价值、讲述品牌故事的重要场域。根据国际媒体研究数据，短视频用户的消费行为呈现出高度的文化依赖性，用户对内容的接受程度与其社会文化语境密切相关。

对于企业而言，短视频在国际传播中的应用既是机遇也是挑战。一方面，它为品牌在多元文化语境中建立情感连接提供了新路径；另一方面，如何准确把握目标市场的文化特点并实现本地化创作，是短视频传播能否成功的关键。因此，境外短视频的创作不仅需要技术与创意，更需要对传播理论的深刻理解与实践经验的支撑。

二、短视频的定义、特点和类型

（一）短视频的定义与特点

短视频是相对于过去的电影、电视节目而言的，虽然都是诉诸视听结合的传播形态，但短视频更多地从时间维度来定义，顾名思义就是时长简短，叙事完整统一，主要在移动社交平台上传播的视听内容[①]。短视频本身就呈现出不同表现形态的融合，如现场纪实、图片、文字、虚拟动画等，因此也可称之为"融视频"。关于短视频的长短，学界有不少争议。有学者认为，短视频是短至30秒，长不超过20分钟，内容广泛，视频形态多样，可通过多种视频终端摄录或播放的视频短片的统称。也有人认为，短视频应该要在前15秒抓住用户眼球。关于短视频的结构设置，有学者将短视频的制作公式总结为"场景表达6秒、情节表达15秒、故事表达60秒、完整叙事180秒的结构"[②]。

短视频的特点具体可以总结为以下几点。第一，短小精悍，短视频时长以15秒到3分钟为主，符合现代人碎片化时间的消费习惯。它通过精炼

---

① 曾祥敏.融合新闻学［M］.北京：中国传媒大学出版社，2023：155.
② 曾祥敏.融合新闻学［M］.北京：中国传媒大学出版社，2023：156.

内容、高效传递关键信息，让用户快速获取核心价值。第二，具有较强的视觉冲击力。短视频以视觉为主导，通过生动的画面、特效和字幕快速吸引用户注意力，结合音效和镜头语言，激发观众情感，增强内容的感染力。第三，社交属性强。短视频提供了丰富的互动形式，用户可通过点赞、评论和分享直接参与内容讨论。UGC的机制更进一步激发用户创作和传播的热情。与此同时，短视频具有病毒式传播特性，能够借助社交网络迅速扩散。结合热门话题、标签或挑战赛，短视频能有效提升讨论热度与传播范围。第四，个性化与算法推荐，短视频依托大数据与算法，精准推送符合用户兴趣的内容，增强平台黏性。同时，多样化的表达形式满足了用户个性化消费需求。第五，制作门槛低，短视频创作简单，依靠手机和基础编辑工具即可完成。相较于长视频，短视频的制作成本低、效率高，适合快速生产与传播。第六，融合程度高，由于体量短小，优质的短视频既可多元形态融合，独立成篇，又可以成为融合新闻整体的一部分，与文字、图片、交互图形等相互配合，共同构成立体综合的叙事。通过创新叙事方式，它为企业提供了广阔的表达空间。

（二）企业国际传播中创作的短视频类型

企业国际传播中创作的短视频类型可以根据信息内容、用途分为以下类型，这些类型在企业国际传播中可灵活组合，根据不同市场的文化特征和用户需求调整内容策略，以达到最佳传播效果。

第一，品牌宣传类。这类短视频以展示企业形象和品牌价值为核心，通常通过叙事化内容讲述品牌故事。常见形式包括企业文化展示、品牌发展历程回顾，以及可传递品牌核心价值观的视频内容。这种题材有助于建立品牌的国际认知度和正面形象。

第二，企业信息资讯类。这类短视频以传递企业动态和重要资讯为核心，内容包括企业重大事件、行业报告发布、合作伙伴关系公告或企业活动宣传等。这类短视频注重信息的准确性和权威性，帮助目标用户及时了解企业最新发展，同时增强企业的专业形象与行业影响力。这类短视频适合结合简洁明快的表达方式，快速传递关键信息，满足国际用户了解企业动态的需求，同时为品牌传播提供深度支撑。

第三，产品推广类。这类短视频专注于展示企业的核心产品或服务，通过创意化方式凸显产品特点、功能和优势。例如，通过实景应用、产品使用场景演示或动画解说等形式，围绕产品与企业提供的服务质量展开，直观传递企业的独特价值。

第四，教育科普类。这类短视频以知识分享为主要目的，涵盖行业知识、技能教学或产品使用指南等内容。教育科普类短视频通过提供实用性强的信息，增强用户对企业专业性与可信度的认知，同时扩大品牌影响力。

第五，热点追踪类。这类短视频利用国际或本地的热点事件、节庆或流行趋势，结合企业特点制作内容。通过与热点的结合，企业能迅速融入目标市场的文化语境，提高内容的传播力和参与度。这类短视频通常强调即时性和话题性。

第六，用户故事类。这类短视频以真实用户为中心，展示他们使用产品或服务后的积极体验，包括客户的案例分享、用户推荐或客户与企业的合作故事。这类短视频通过增强可信度和情感连接，有效提升用户对品牌的信任感和忠诚度。

第七，文化价值类。这类短视频聚焦于企业的社会责任、公益项目或企业文化，展现品牌的社会价值和文化理念。这类短视频通过文化软实力传播，增强企业在目标市场中的情感共鸣和文化认同。

第八，娱乐创意类。这类短视频以喜剧、音乐、舞蹈、情景剧等娱乐形式为主，吸引观众的注意力。企业通过将品牌信息巧妙植入内容中，实现轻松传播的效果。这类短视频通常能快速抓住用户情绪，扩大用户覆盖面。

第九，员工与幕后花絮类。这类短视频展示企业的内部文化和工作氛围，例如员工日常生活、团队建设活动或产品生产的幕后故事。这种题材让品牌形象更加人性化，能够拉近与观众的距离，增强亲和力。

第十，社交互动类。这类短视频以鼓励用户参与和互动为目标，设计挑战赛、问答视频或用户内容模仿，调动UGC发力。通过用户的主动参与，这类短视频能迅速提升品牌的社交曝光度与粉丝互动率。

第十一，公益与社会责任类。这类短视频聚焦企业在可持续发展、社会公益、环保等领域的行动，体现企业的社会责任感。这类短视频有助于企业建立负责任的品牌形象，获得国际市场的社会认可。

三、企业国际传播中短视频的策略

（一）短视频内容语法革新

短视频在主题呈现、语法表达和生产方式上，都经历着由小到大、由短见长、由浅及深的革新。"轻表达"如何传达大主题，"小平台"如何联结多行业，"小体量"如何形成大传播，这些都是短视频研究中亟待探讨解决的问题。在企业国际传播中，短视频如何处理好"国家"与"企业"、"长"与"短"、"大"与"小"的辩证关系，正是短视频诠释宏大主题、传播主流价值的体现。正确处理这几组关系，使短视频实现兼顾传播公益话题与破圈的平衡表达，最终达到两者既对立又统一的目的。

（二）内容策略在地化与文化适配

在短视频内容策略的在地化与文化适配中，企业需要将品牌核心价值与目标市场的地域文化有机结合，以实现文化共鸣和情感连接。具体来说，品牌核心价值应融入目标市场的社会语境中，例如通过使用当地人熟悉的文化符号、风俗习惯或故事背景来增强内容的吸引力。同时，本地化语言、视觉和情感表达至关重要。在语言层面，不仅要使用目标市场的主流语言，还需关注语言的细腻差异，如方言、语气和表达习惯。在视觉层面，要注重色彩、图案、服饰和场景设计是否符合当地审美标准，以增强内容的亲和力和视觉冲击力。在情感表达方面，短视频内容需贴合目标市场的情感偏好，注重社会文化背景与用户需求的耦合，如强调家庭、友情、社会责任等普遍受认可的情感主题，或融入当地特定的节庆与情感符号，激发用户的情感共鸣。在短视频平台，在地的特色化更容易突破地域的限制，从而形成较大范围的传播。通过这种多维度的本地化适配，企业能够在国际传播中打造真正贴合本地市场的短视频内容，从而提升品牌的认可度和传播效果。

四、短视频创意内容生产

（一）短视频内容的非线性叙事与结构优化

短视频成功的关键在于抓住用户的注意力，并在短时间内传递清晰且有吸引力的信息。为实现这一目标，企业需要优化短视频的叙事逻辑与结构。短视频创作的长与短、大和小、虚和实、藏与露体现在短视频具体的视听表达上。企业在国际传播实践中，应注重短视频制作的创意风格和叙事节奏的把握，以及这几组关系的辩证统一。首先是具有吸引力的开端，短视频的前3秒至关重要，决定了用户是否会继续观看。通过设置悬念、引入视觉冲击或展示直击用户需求的核心信息，企业可以快速吸引观众注意力。

短视频因为篇幅短小，不具备完整铺陈叙事的条件，因此在叙事结构上更为片段化和去线性，追求"少即是多"的新叙事模式[①]。传统叙事结构"开端—发展—高潮—结尾"的叙事方式已不适合短视频片段化的传播，短视频的叙事更多的是做减法的过程，或抓取事件的高潮，或直接展示结果，以满足用户对资讯快速的需求与好奇心理。在叙事节奏上，减少铺垫、直奔主题，让用户在最快、最短的时间内捕捉到事件的全貌，理解其本质。

---

① 彭兰.移动化、社交化、智能化：传统媒体转型的三大路径［J］.新闻界，2018（1）：35-41.

因此，从这个角度而言，短视频更强调"短、活、快、实、新"。即内容上让用户惊奇、好奇之点凸显；形态上以字幕、音乐和剪辑手段加快节奏，打破传统消息的叙事之"平"。企业需要在短视频内容中强化品牌或行动号召（Call to Action），突出企业品牌记忆点，通过快节奏的剪辑、精心设计的转场和内容层次感的呈现，确保叙事流畅且富有视觉吸引力。这种优化不仅能够提升用户的观看体验，还能增加短视频的完播率和互动率。

（二）情感化呈现直击情绪触点

在企业国际传播中，情感化呈现已成为内容策略的重要方向。随着互联网逐渐从信息传播的工具演化为情绪交互的场域，情感和情绪的表达在传播效果中扮演着越发关键的角色。理性的价值判断在高度信息化的传播环境中逐渐让位于情感和情绪的感染力，人们对信息的接收和理解往往被情绪引导，这种趋势对企业传播策略的制定提出了新的要求。

事实信息的传播力量在很大程度上依赖于情感化表达的能量。通过激发用户的情绪共鸣，信息不仅能在用户心中留下更深刻的印象，还能触发更高程度的传播意愿。例如，幸福、感动或希望等情绪在短视频内容中被巧妙融合时，能够增强信息的可感知性和记忆点，进而显著提升内容的传播力。这也解释了为什么以情感为核心驱动的内容，如感人的故事、激励人心的短片或社会责任类的传播内容，常常在国际传播中引发广泛的关注和讨论。

此外，情感化呈现能够帮助企业缩短与目标用户之间的心理距离，尤其是在跨文化传播中，通过捕捉不同文化中具有共通性或特定文化中被高度认可的情感元素，企业可以增强内容的接受度和文化适配性。例如，家庭、友情、公益和个人成长等主题通常能够在不同文化背景下激发广泛的情感认同，而内容形式的选择也应尽可能强调视觉、声音和叙事的情感触点，以强化信息传递的情绪感染力。

情感化呈现并不是脱离事实信息的空洞煽动，而是通过深刻洞察用户需求与心理状态，将事实信息与情绪触点巧妙结合，提升传播内容的感染力与影响力。这种方法不仅适用于消费品品牌的传播，也广泛适用于社会责任传播、文化推广和危机公关等国际传播领域。在当下的传播环境中，企业如果能够有效利用情感的力量，就能够在海量信息中脱颖而出，建立深刻且持久的品牌印象。

（三）剪辑思路优化——做好"加法"与"减法"

在企业国际传播中，短视频的制作不仅需要满足用户的快速信息获取习惯，还需兼顾跨文化传播的特点。在这一过程中，处理好"藏"与"露"、"虚"与"实"的辩证关系，并平衡视频剪辑中的"加法"与"减法"，是提升短视频传播效果的关键。通过压缩叙事链，放大内容亮点，同时省略冗余信息，企业可以在国际市场中实现高效传播。

在全球化传播环境下，用户的信息接受更加趋于碎片化和浅表化，这要求企业短视频内容做到简洁精准、突出重点，海量素材做"减法"，核心元素做"加法"。通过对海量素材进行减法式处理，企业应聚焦于目标用户最关心、最能引发共鸣的核心信息。例如，在不同文化背景下，某些视觉元素或叙事角度可能需要调整，以确保内容的本地化适配。与此同时，剪辑中要对关键情节、视觉亮点和核心品牌价值进行"加法"式强化，确保信息密度的提升，使短视频在短时间内直击目标用户的兴趣点和情绪触点。企业还应运用"少即是多"的理念，将短视频制作成一个或多个事件的纵切面，而非简单缩减长视频的内容。通过聚焦核心燃点，例如产品创新、企业文化或社会责任项目的亮点，短视频能够在短时间内有效传递品牌价值，并激发观众的情感共鸣和传播意愿。

短视频的传播力在很大程度上取决于其对视觉表现力和叙事节奏的把控。在企业国际传播中，短视频需通过剪辑技术突出品牌核心内容的视觉亮点，比如产品特写、动态效果或情感化场景。同时，叙事逻辑应简洁明快，避免冗长的背景铺垫或不必要的过渡镜头，以便观众能够快速理解视频的主旨。例如，在推广类视频中，直接展示产品的独特功能及其应用场景，配合紧凑的画面切换和吸引人的视觉符号，可以更好地激发全球用户的兴趣。通过在短视频制作中合理处理"藏"与"露"、"虚"与"实"的关系，优化剪辑策略，企业能够在国际传播中用短视频实现高效触达、多元文化适配与品牌价值输出的目的。这种创意化的传播策略既满足了国际用户碎片化信息消费的需求，又为企业品牌在国际市场中建立了更为深刻的认知与影响力。

五、短视频创作实践：面向企业国际传播的落地化举措

短视频已成为企业国际传播中不可或缺的工具。为了在全球化市场中获得传播优势，企业需要注重技术与工具的应用、数据驱动的创作路径，以及传播效果的科学评估与动态优化。这些实践不仅能提升短视频的内容质量和文化适配性，还能帮助企业在多元市场中精准触达目标用户，强化品牌的国际化形象。

（一）短视频制作工具的选择与优化

在国际传播中，短视频制作工具的选择应兼顾内容的质量和本地化适配需求。专业级工具（如 Adobe Premiere Pro、Final Cut Pro）能够确保高质量视频的制作，适合品牌形象展示和高端内容生产，而移动端应用（如 CapCut、InShot、剪映）则为快速制作本地化短视频提供了灵活性。针对动画、动态特效的需求，After Effects 和 Blender 等工具可显著增强短视频的视觉表现力。

为了满足国际传播的多样化需求，企业应充分利用 AI 技术优化视频制作流程。例如，借助 AI 实现字幕自动生成、多语言翻译和实时滤镜效果，不仅能提升制作效率，还能确保视频在语言和视觉元素上更贴合不同市场的文化特点。此外，企业需要关注制作工具的跨平台兼容性，确保内容能无缝适配于各大国际短视频平台（如 TikTok、Instagram Reels、YouTube Shorts），从而实现更广泛的市场覆盖。

（二）数据驱动的创作与传播路径调整

企业在国际传播中应充分利用数据驱动的策略，以确保内容的精准性和传播路径的高效性。通过分析目标市场的用户行为数据（如观看时长、互动频率和热门内容类型），企业能够深入理解用户偏好，挖掘跨文化传播中的关键点，从而确定更贴合市场需求的创作方向。例如，在一个对幽默内容接受度较高的市场，企业可以调整视频风格，增加趣味性元素以吸引观众。传播路径的优化同样需要实时数据的支持。企业可以通过监测短视频的播放量、完播率和分享率，动态调整发布时间、标签策略以及推广重点。例如，在某些市场中，通过分析平台推荐机制和用户活跃时间段，可以更精准地触达用户，从而最大化传播效果。数据驱动的创作和传播路径优化，不仅提升了内容的传播效率，还增强了品牌在国际市场中的竞争力。

（三）短视频传播成效的指标与分析框架

科学的传播效果评估是企业国际传播中衡量短视频内容影响力的关键。构建合理的指标体系需要综合考虑不同层次的评估需求，包括基础指标、深度指标、适配分析等。

基础指标是指播放量、点赞数、评论数和分享次数等，能够直观反映短视频的受欢迎程度和用户参与度。深度指标则指完播率、点击转化率和品牌提及度等，能够衡量短视频对用户行为的实际影响，特别是在推动品牌认知与销售转化方面的影响。通过用户地域分布和文化反馈等适配分析，企业可以评估短视频内容是否准确触达目标市场的核心人群，并进一步优化内容的文化适配性。短视频传播的分析框架能够帮助企业有效识别传播中的强项与不足，为后续创作提供清晰的指导依据。

（四）实时反馈机制与迭代更新策略

国际传播环境复杂且动态多变，实时反馈机制对于短视频内容的调整与优化尤为重要。企业可以借助短视频平台提供的实时数据分析工具，监控视频传播的关键指标，并快速响应观众的行为反馈。例如，当某段视频的完播率或互动率低于预期时，可以迅速优化内容结构，重新发布版本以改善传播效果。

此外，企业需要制定灵活的迭代更新策略，不断探索不同创意和风格的表现效果，找到最适合目标市场的内容形式。例如，测试不同的标题、语言表达方式或视觉设计对传播效果的影响，以优化短视频的吸引力。同时，定期对数据进行总结分析，识别传播趋势和文化偏好，为持续内容生产提供科学依据。这种实时优化与动态调整的策略，能够帮助企业快速适应不同市场的需求变化，并确保短视频传播的持续高效。

通过在国际传播中合理应用技术工具、数据驱动策略和动态优化机制，企业能够大幅提升短视频的制作效率和传播效果。同时，这些关键实践为企业在跨文化传播环境中实现品牌价值的高效传递提供了强有力的支持，使短视频成为推动企业国际化发展的重要工具。

（五）人工智能与沉浸式技术对企业国际传播短视频创作的影响

随着人工智能和沉浸式技术（Immersive Technology）的快速发展，企业国际传播中的短视频创作正迎来全新的变革。这些技术不仅提升了短视频制作的效率和质量，还为企业提供了更多创新表达方式和互动体验，极大地扩展了品牌在国际市场中的传播可能性。

第一，人工智能赋能短视频创作的创新与优化。人工智能在短视频创作中的应用显著提高了生产效率和内容的个性化水平。通过AI技术，企业可以快速完成复杂的内容制作流程，例如自动剪辑、智能字幕生成和多语言翻译。这种高效的生产能力特别适用于国际传播中的多文化市场，帮助企业快速适配不同语言和用户的需求。此外，AI还使得短视频内容更具针对性和个性化。基于AI算法的用户数据分析，企业能够准确捕捉目标用户的兴趣点、观看习惯和偏好，从而定制更具吸引力的内容。例如，通过AI

推荐系统，企业可以优化短视频的发布时间、标题设计和标签使用，以最大化触达目标市场的用户群体。

AI驱动的创意生成技术也为短视频内容注入更多创意元素，如自动生成脚本、动态特效设计和虚拟角色的创建。这些技术不仅增强了视频的视觉吸引力，还能帮助企业通过更加创新的方式讲述品牌故事，与国际用户建立更深层次的情感连接。

第二，沉浸式技术重塑短视频的体验维度。沉浸式技术，如虚拟现实（VR）、增强现实（AR）和混合现实（MR），正在为短视频内容创作带来革命性变化。这些技术能够为用户提供更加身临其境的体验，使品牌传播不再局限于二维画面，而是延伸至多维互动场景。通过AR技术，企业可以在短视频中为用户提供实时的交互体验。用户可以通过AR看到企业及产品在现实场景中的应用效果。而在品牌活动宣传中，AR特效可以营造趣味性与科技感并存的视觉体验，增强用户参与感。VR技术则为企业提供了沉浸式叙事的全新可能性。例如，企业可以制作360度全景短视频，让用户感受到品牌故事或产品体验的全方位展示。这种身临其境的效果不仅提升了用户的观看体验，还能在国际传播中为品牌建立独特的创新形象。

MR技术的应用使得短视频内容与现实世界之间的界限进一步模糊，为企业创造了更具未来感的传播形式。例如，通过MR技术，企业可以将虚拟品牌元素与用户的真实生活场景相结合，增强品牌内容的沉浸感和情感连接。

未来，随着AI技术的不断优化和沉浸式体验成本的降低，短视频创作将朝着更高效、更个性化和更沉浸的方向发展。企业将能够利用这些技术更好地连接全球用户，创造出跨文化传播中兼具创新性和影响力的品牌内容，从而在国际市场中占据更加主动的传播地位。

第二节　境外社交媒体运营

一、企业应用社交媒体开展国际传播的背景

（一）平台社会理论概述

"平台社会"是由荷兰学者何塞·范·迪克等人在其著作《平台社会：互联世界中的公共价值》中提出的概念。范·迪克认为，平台社会是一个以算法和数据驱动的全球化在线平台生态系统为核心的社会形态，这些平台已经深度渗透到社会的核心，影响了市场、劳动关系、社会行为以及民主进程。

范·迪克指出，平台社会的运行机制主要包括三个层面：数据化（datafication）、商品化（commodification）和选择性（selection）。数据化是平台的核心驱动力，平台通过收集和分析用户数据，实现对用户行为的预测和管理。商品化是数据化的结果，平台利用用户数据创建多边市场，将用户与广告商、服务提供商等连接起来。选择性则体现在平台通过算法和界面设计，影响用户的内容选择和信息获取。范·迪克进一步将平台分为基础设施平台和行业平台。基础设施平台如Facebook、Google等，构成了整个平台生态系统的底层架构；而行业平台则涉及新闻、医疗、教育等具体领域。平台不仅是一种技术工具，更是一种社会组织形式，它通过连接人、资源和信息，重新塑造了经济、文化和社会互动的格局。平台的核心特征包括开放性、互动性和网络效应，这些特征使其能够会聚用户，并通过数据驱动的机制放大信息的传播力和影响力。在国际传播领域，平台社会理论为理解社交媒体如何影响跨国界的交流与传播提供了理论基础。

（二）社交媒体在企业国际传播中的应用

社交媒体的快速发展彻底改变了企业国际传播的方式。正如平台社会理论所言，Facebook、X、Instagram、YouTube 和 TikTok 等平台通过其全球覆盖力，为企业提供了跨文化、跨语言传播的可能性，使其能够以低成本、高效率接触到全球受众。社交媒体不仅是传播工具，更是企业与目标市场互动、建立关系和增强信任的重要渠道。

社交媒体在企业国际传播中崛起的主要驱动因素包括：第一，社交媒体平台的普及性和即时性，使得企业能够快速响应市场动态，并与目标受众保持实时沟通；第二，用户生产内容（UGC）的涌现，使企业可以通过激发用户参与来扩大传播效果，形成口碑效应；第三，精准的数据分析能力，使企业能够了解不同市场的文化偏好和消费者行为，从而实现个性化传播策略。

此外，社交媒体的互动性为企业构建全球化的品牌认知提供了强大支持。例如，利用平台的评论、分享和点赞功能，企业不仅可以直接与受众互动，还能通过数据挖掘洞察市场趋势，从而优化传播内容。与此同时，短视频、直播和多媒体形式的应用进一步增强了传播的直观性和吸引力，使企业在国际传播中能够更生动地展示品牌价值和文化内涵。

社交媒体在企业国际传播中的崛起不仅是技术发展的结果，更是平台社会转型的体现。企业在利用社交媒体进行国际传播时，不仅需要关注传播内容的文化适配性，还需运用平台的技术特点和数据能力，实现从信息传递到情感连接的转变，从而推动品牌在全球范围内的认同感与影响力提升。

二、社交媒体平台针对性运营策略

（一）基于 Facebook 的企业国际传播策略

根据 Statista 数据，Facebook 作为全球覆盖范围最广的社交媒体平台，是企业开展国际传播活动的关键工具之一，其月活跃用户数量超过30亿，这一庞大的用户群体遍布全球200多个国家和地区，为企业提供了极为广阔且多样化的受众基础，非常适合企业进行多层次、多区域的品牌推广活动。

Facebook在内容发布形式上具有极高的灵活性，支持多种类型的内容发布。企业可以根据不同的传播目标和受众偏好，选择文字、图片、视频以及直播等多种形式来发布内容。文字内容可以用于传递简洁明了的信息，图片能够直观地展示产品或活动，视频则可以讲述更生动的故事，而直播能够实时与受众互动，增强用户的参与感和信任度。这种多样化的内容发布形式，能够满足企业在不同场景下的传播需求，帮助企业更有效地传达品牌价值和产品信息。

Facebook的广告投放系统是其一大亮点，以其强大的精准定位功能而闻名。企业可以利用这一系统，根据用户的兴趣、行为习惯以及地理位置等多维度信息，进行定向广告投放。例如，如果企业想要推广一款面向年轻时尚群体的运动鞋，就可以通过分析用户的兴趣标签，将广告精准地投放给那些对运动、时尚感兴趣的用户群体；同时，还可以根据用户的地理位置，将广告投放到特定的国家和地区，确保广告能够触达最有可能感兴趣的潜在客户群体。这种精准定位的广告投放方式，能够大大提高广告的投放效率，降低营销成本，使企业的营销资源得到更有效的利用，从而实现高效触达目标受众。

此外，Facebook还提供了强大的社区管理功能，企业可以通过创建和管理自己的页面以及群组，与用户建立长期稳定的关系。通过在页面上发布优质的内容、及时回复用户的评论和私信，企业可以增强与用户之间的互动，提升用户的满意度和忠诚度。群组则为企业提供了一个更加私密和专注的交流空间，企业可以在群组中组织各种活动，如产品试用、用户反馈征集等，进一步增强用户对品牌的认同感和参与度。通过这些社区管理功能，企业不仅能够有效地维系用户关系，还能不断积累品牌资产，提升品牌在国际市场的影响力和竞争力。

（二）基于Instagram的企业国际传播策略

Instagram是一款以视觉内容为核心的社交媒体平台，尤其受到年轻用户群体的喜爱，其全球月活跃用户数量超过20亿。这一庞大的年轻用户群体为企业提供了极具潜力的市场机会。Instagram的图片、短视频和限时动态（Stories）功能，为企业提供了丰富的内容创作可能性。企业可以通过高质量的图片展示产品的细节和设计美学；通过短视频讲述品牌故事或展示产品的使用场景；而限时动态则可以用于发布更具时效性和互动性的内容，如幕后制作过程、用户反馈等。这些功能的结合，使企业能够全方位地展示品牌的文化内涵和生活方式，从而提升品牌的视觉吸引力和文化感染力。

Instagram内置的购物功能为企业提供了直接的销售转化渠道。用户可以在浏览内容的同时，直接通过平台购买感兴趣的产品，这一功能大幅缩短了从品牌传播到销售转化的路径，提高了用户的购买便利性和转化率。这对于时尚、食品、旅游、文化创意等注重视觉呈现和用户体验的行业尤为重要，能够帮助企业更高效地将品牌影响力转化为实际的商业价值。

Instagram的视觉化特性和强大的用户互动功能，使其成为品牌与年轻受众建立紧密联系的重要平台。品牌可以通过发布具有创意和吸引力的视觉内容，引发用户的关注和共鸣，进而通过互动功能增强用户参与感和品牌忠诚度。这种强烈的视觉冲击和深度的用户互动，能够有效增强品牌与年轻受众之间的联系，提升品牌在国际市场上的影响力和竞争力。

（三）基于X的企业国际传播策略

X以即时信息传播为核心，凭借其强大的实时性和互动性，成为企业进行实时沟通和话题互动的优选平台。其全球用户基数庞大，尤其在北美、欧洲和部分亚洲市场具有极强的影响力，为企业提供了广泛的受众基础和市场机会。X的信息传播方式简洁高效，通过140字符的简短信息，配合图片、视频和链接，能够快速传递企业的关键信息。这种简洁的信息形式不仅便于用户快速浏览和理解，还能在短时间内吸引用户的注意力，提高信息的传播效率。其话题标签（Hashtags）功能，为企业提供了一个便捷的途径，使其能够轻松加入全球性话题讨论。通过合理使用话题标签，企业可以将自身的内容与热门话题相结合，从而扩大品牌曝光范围，提高品牌知名度和影响力。

同时，X上聚集了大量的行业意见领袖和媒体，这些用户在各自的领域内具有较高的影响力和广泛的受众群体。企业可以通过与这些意见领袖和媒体进行互动，获得他们的转发和引用，从而进一步扩大自身的影响力，提升品牌在目标受众中的知名度和美誉度。该平台特别适用于品牌活动的实时更新、新闻发布以及危机事件的公关处理。企业可以通过X及时发布品牌活动的最新进展，吸引用户的关注和参与。在新闻发布方面，X能够帮助企业快速传播重要信息，抢占舆论先机；而在危机事件的公关处理中，X的即时性使其成为企业与公众沟通、澄清事实、安抚情绪的重要工具，有助于企业及时有效地化解危机，维护品牌形象。

（四）基于LinkedIn的企业国际传播策略

LinkedIn（领英）是全球最大的职业社交媒体平台，专注于行业交流和职业发展，拥有超过9亿注册用户。其庞大的用户群体和专业化的社交环境，为企业提供了一个极具价值的国际传播渠道。LinkedIn非常适合B2B企业的国际传播。企业可以通过该平台发布行业报告、技术白皮书、案例研究和招聘信息等多种形式的内容，展示其在专业领域的深度和广度，从而提升企业的专业性和行业影响力。这些内容不仅能够吸引潜在客户和合作伙伴的关注，还能树立企业在行业内的权威形象。

LinkedIn精准的受众定位功能，是其一大优势。企业可以根据用户的职位、行业、公司规模等多维度信息，直接触达高管、决策者和专业人士。

这种精准定位能够确保企业的传播信息到达最有可能感兴趣和有决策权的目标受众，从而提高营销活动的效率和效果。

此外，LinkedIn的企业页面功能为企业提供了一个集中展示自身形象的平台。企业可以通过企业页面展示公司的文化、动态和价值观，向外界传达企业的核心理念和发展愿景。这种集中展示不仅有助于增强企业内部员工的凝聚力，还能吸引潜在客户、合作伙伴和优秀人才，使其成为商业合作与品牌权威构建的重要平台。

尤其在技术、金融和专业服务领域，LinkedIn具有独特的传播价值。这些行业的企业通常需要通过专业的渠道来建立和维护品牌形象，LinkedIn的专业化环境和精准的用户群体，为企业提供了一个理想的传播平台，能够帮助企业更好地展示其专业优势，拓展国际业务，提升品牌在国际市场上的知名度和影响力。

（五）基于YouTube的企业国际传播策略

YouTube是全球最大的视频分享平台，拥有超过25亿月活跃用户，覆盖全球范围。其庞大的用户群体和广泛的影响力，为企业开展深度内容传播提供了理想的平台。企业可以通过YouTube展示品牌故事、技术演示和教育内容，借助视频的形式传递丰富而生动的信息，增强品牌的吸引力和影响力。

YouTube支持高清长视频，能够满足企业对于内容深度和质量的要求。同时，它与Google的搜索引擎无缝集成，这使得企业的视频内容在搜索结果中具有较高的可见性。当用户在Google上搜索相关关键词时，YouTube视频常常会出现在搜索结果的前列，从而为企业带来更多的曝光机会。

此外，YouTube的广告功能为企业提供了精准触达目标用户的有效途径。企业可以利用多种广告形式，如视频前广告、视频中广告或推荐视频中的广告，将品牌信息展示给最有可能感兴趣的观众。YouTube提供了丰富的广告定位选项，包括人口统计信息、兴趣爱好、浏览行为等，确保广告能够精准地触达目标受众。

YouTube 的多语言字幕功能进一步增强了其国际传播的影响力。企业可以为视频添加多种语言的字幕，从而适应不同语言市场的需求。这不仅可以跨越语言障碍，还能扩大品牌的国际影响力，使企业能够更有效地与全球观众进行沟通和互动。

（六）基于 TikTok 的企业国际传播策略

TikTok 是目前全球增长最快的短视频平台，特别受到年轻用户群体的喜爱，其月活跃用户数量已经超过了 10 亿。这一庞大的年轻用户群体为企业提供了极具潜力的市场机会。TikTok 的短视频形式以其简洁明快、富有创意的特点，能够快速吸引用户的注意力。通过创意内容和算法驱动的精准推荐机制，TikTok 能够帮助企业实现高效传播，确保企业的内容能够精准地触达目标受众，提高品牌信息的传播效率和覆盖面。

企业可以充分利用 TikTok 平台上的流行挑战、创意滤镜和背景音乐功能，与用户进行互动并激发用户生产内容（UGC），从而形成病毒式传播。这些功能不仅能够增强用户的参与感和创造力，还能使品牌信息在用户之间自然传播，扩大品牌的影响力和知名度。通过与用户的互动，企业能够更好地了解用户需求和偏好，进一步优化传播策略。此外，TikTok 在欧美、东南亚和中东等市场的快速崛起，使其成为企业接触年轻国际观众的重要渠道。这些地区的年轻用户对新鲜事物的接受度高，对社交媒体的依赖度强，TikTok 的快速传播特性使其特别适合用于快速传播品牌活动和文化内容。企业可以通过 TikTok 迅速将品牌信息传递给目标受众，增强品牌的国际影响力。

企业在国际传播中需要根据品牌定位和目标市场选择适合的社交媒体平台。Facebook 和 YouTube 适合覆盖广泛的受众群体，能够提供全面的传播渠道和丰富的功能，适合不同类型的企业和品牌。Instagram 和 TikTok 则更适合注重视觉传播和吸引年轻用户，通过创意内容和互动功能，能够快速吸引用户的注意力并激发用户的参与。X则侧重于实时性和国际对话，适合企业进行快速的信息发布和实时互动，能够在第一时间与全球用户进行沟通。而LinkedIn专注于专业化和行业影响力，适合B2B企业和专业人士进行行业交流和品牌建设，能够帮助企业树立专业形象，拓展商业合作机会。

（七）基于Temu的企业国际传播策略

Temu是近年来崛起的跨境电商平台，由中国企业推出，目标市场以北美和欧洲为主。它通过整合供应链和高性价比的商品策略，在国际市场中快速扩展。虽然以电商功能为核心，但Temu在社交传播领域也展现了巨大的潜力。其优势在于多平台整合，结合社交媒体和购物体验，例如通过与TikTok、Instagram和YouTube合作推广，吸引年轻用户和内容创作者的注意。Temu通过病毒式传播，鼓励用户通过折扣码分享，利用"社交媒体+"的形式形成以用户为核心的传播链条，快速提升品牌知名度。适合企业通过社交媒体进行高性价比商品推广，尤其在寻求短期流量爆发的情况下，通过Temu与社交媒体结合实现快速传播。

（八）基于SHEIN的企业国际传播策略

SHEIN是全球领先的快时尚跨境电商平台，以低价、丰富的商品选择和快速上新赢得了全球用户的青睐。其市场覆盖全球200多个国家和地区，用户以年轻女性为主，广泛依赖社交媒体进行品牌传播和消费者互动。SHEIN具有较强的媒体导向，高度依赖Instagram、TikTok和YouTube等平台推广，通过与时尚博主和关键意见领袖（KOL）合作，推出穿搭视频和时尚挑战活动，吸引全球用户关注。

此外，SHEIN利用用户晒单、穿搭分享等用户生产内容（UGC），形成持续性的社交话题并提升平台曝光率。通过直播和互动活动实现品牌与用户的深度联系。在数据反馈上，SHEIN具备数据驱动设计，通过分析用户行为和市场需求，快速设计并推出符合目标市场偏好的产品，结合社交媒体反馈，持续优化产品和服务，适合快消品和时尚类企业借鉴其"社交媒体＋电商"的结合策略。SHEIN通过多平台传播和互动活动，实现品牌快速增长和用户黏性的提升。

三、企业境外社交媒体内容策划运营策略

（一）内容规划

制定内容日历，确保内容发布的连贯性和多样性。内容规划应围绕企业品牌的核心价值和国家形象的积极特质展开，以塑造一个具有国际影响力的品牌形象。同时，结合品牌定位和受众兴趣确定内容主题和形式，策划能够引起目标受众共鸣的内容，如品牌故事、企业文化、社会责任等，以增强品牌与受众之间的情感联系。

针对目标市场的文化背景、语言特点和用户偏好，实施内容本地化策略，包括语言翻译、视觉设计调整以及传播语调的适配，确保内容与当地文化高度契合，避免文化冲突或误解。同时，在内容中融入当地热点或节庆元素，如欧洲市场的圣诞节营销或东南亚的春节活动，增强内容的吸引力和共鸣。此外，针对不同平台优化内容形式，例如Instagram强调图片美感，TikTok侧重短视频创意，X则注重信息简洁性。

（二）内容创作

在企业境外社交媒体创作策略中，利用AI工具，如Deepseek、ChatGPT、Midjourney和Canva AI进行内容创作，可以显著提高创作效率和内容质量。这些工具不仅能够快速生成文本和图像内容，还能通过智能化的编辑功能，帮助企业制作出更具吸引力和专业性的社交媒体素材。在创作过程中，企业应注重突出品牌的精神内核和国家形象的优秀元素。例如，可以强调企业的创新精神、文化底蕴和社会责任感等，通过富有创意

和感染力的内容展现品牌魅力和国家风采。这些元素不仅能够增强品牌的独特性和吸引力，还能在国际市场上树立良好的品牌形象。

本地化和文化适应性是境外社交媒体创作的关键。企业需要确保内容符合不同地区的文化背景和受众期待，避免文化冲突。这要求企业在内容创作时，深入了解目标市场的文化特点和受众偏好，从而制作出能够被广泛接受和认可的内容。通过这种方式，企业能够在不同文化环境中更好地与受众建立联系，提升品牌的国际影响力。

（三）内容发布

企业在境外社交媒体运营中，选择最佳发布时间是提升传播效果的关键策略之一。这需要根据各个社交媒体平台的特点以及目标受众的活跃时间进行细致优化。通过分析平台数据和受众行为，企业可以确定在哪些时间段发布内容能够获得最高的曝光率和互动率，从而最大化内容的影响力。利用自动化工具可以显著提高发布效率。这些工具能够帮助企业提前规划和安排内容发布的时间表，确保内容能够按时发布，保持品牌在社交媒体上的活跃度和连贯性。这种有条不紊的内容发布策略不仅能够提升品牌的可见度，还能增强品牌的可信度和专业形象。

在发布过程中，企业需要特别注重内容的呈现方式和传播效果。精心设计的视觉元素和引人入胜的文字内容是吸引受众关注并引发共鸣的重要手段。通过高质量的视觉设计和富有感染力的文字，企业能够有效地传递关于品牌价值和国家形象的积极信息，使受众在情感上与品牌产生共鸣，进而提升品牌在国际社交媒体领域的影响力和美誉度。

良好的内容策划是企业境外社交媒体运营的核心。通过精心策划，企业能够更好地突出品牌的核心价值和国家形象的优秀元素，如创新精神、文化底蕴和社会责任感等。这种深度的内容策划不仅有助于企业在国际传播中树立良好的品牌形象，还能增强品牌的文化内涵和国际竞争力，使品牌在国际市场上更具吸引力和影响力。

四、企业境外社交媒体用户互动与社区管理

（一）用户互动

在境外社交媒体平台的运营过程中，运营主体及时回复评论和私信是增强用户参与感和忠诚度的关键策略。在这些平台上，用户不仅希望看到品牌发布的内容，更期望能够与品牌进行实时互动。这种互动能够增强用户与品牌之间的情感联系，使用户感受到品牌的温度和关怀。因此，企业应安排专人负责监控社交媒体账户，确保在最短时间内回复用户的评论和私信。无论是正面的反馈还是负面的建议，及时的回应都能让用户感受到品牌的关注和尊重。这种及时的互动不仅能够提升用户的满意度，还能增强他们对品牌的参与感和忠诚度。通过积极的互动，企业可以更好地了解用户需求，及时解决问题，从而提升用户体验和品牌形象。

积极参与话题讨论和挑战也是提升品牌在用户中影响力的有效方式。境外社交媒体每天都有各种热门话题和挑战活动，这些话题和挑战活动往往能够吸引大量用户的关注和参与。企业应密切关注这些话题和挑战活动，寻找与品牌定位和价值观相契合的机会，积极参与其中。通过发表有见地的观点、分享相关的故事或参与有趣的挑战，品牌可以与用户建立更紧密的联系，提升品牌在用户心目中的影响力和知名度。这种积极参与不仅能增强品牌的亲和力，还能在用户心中树立品牌的权威性和可信度，进一步推动品牌在国际社交媒体领域的传播和发展。通过这种方式，企业不仅能够提升品牌的国际影响力，还能在不同文化背景下与用户建立深厚的情感连接，从而在全球市场中树立良好的品牌形象。

（二）社区管理

监控用户评论和反馈，及时处理负面评论，维护品牌声誉。境外社交媒体的开放性使得用户可以自由地发表评论和反馈，这既是一个了解用

户需求和意见的好机会，也可能带来一些负面信息。企业需要建立有效的监控机制，实时关注用户评论和反馈，尤其是负面评论。一旦发现负面评论，应迅速采取措施进行处理。这可能包括及时道歉、解释情况、提供解决方案等。通过积极主动地处理负面评论，企业可以将潜在的危机转化为提升品牌声誉的机会，展示品牌负责任的态度和解决问题的能力。建立和维护品牌形象，通过优质内容和互动建立品牌社区。品牌形象的建立和维护是一个长期的过程，需要企业通过不断地输出优质内容和积极互动进行强化。在境外社交媒体上，企业应始终保持一致的品牌形象，无论是视觉元素还是语言风格，都应与品牌的核心价值相契合。通过持续发布有价值的内容、积极与用户互动、参与社区活动等方式，企业可以逐渐建立起一个活跃的品牌社区。在这个社区中，用户不仅是品牌的消费者，更是品牌的传播者和支持者，他们将帮助品牌在境外市场中获得更广泛的影响力和认可度。

五、企业境外社交媒体数据分析与评估

（一）社交媒体关键指标

关注粉丝增长、互动率、转化率等关键指标，评估传播效果。这些指标能够直观地反映品牌在境外社交媒体上的表现和影响力。粉丝增长显示了品牌吸引新受众的能力；互动率反映了用户对品牌内容的参与度和兴趣程度；转化率则直接关联到品牌营销活动的最终成效，如产品销售、服务咨询等。通过定期监测这些关键指标，企业可以及时了解传播活动的效果，判断哪些策略是有效的，哪些需要改进。同时，利用数据分析工具深入了解受众行为和偏好，为策略调整提供依据。这些工具能够提供丰富的数据，如用户地理位置、年龄、性别、兴趣爱好、活跃时间等，帮助企业更精准地定位目标受众，优化内容策略和广告投放，从而提高传播活动的针对性和效果。

（二）分析工具

利用平台自带的分析工具和第三方分析工具，获取全面的数据支持。境外社交媒体平台通常都提供了丰富的数据分析功能，如Facebook Insights、X-Analytics、LinkedIn Analytics等，这些工具能够提供平台内用户行为和内容表现的详细数据。此外，第三方分析工具如Google Analytics、Hootsuite Analytics等可以提供更全面、更深入的数据分析，整合多个平台的数据，可以帮助企业进行综合评估。实时调整策略，根据数据反馈优化内容和广告投放。数据分析的价值在于能够指导企业及时调整传播策略。通过实时监测数据，企业可以快速发现哪些内容更受欢迎，哪些广告投放更有效，从而及时调整内容策略和广告投放计划，优化资源配置，提高传播效果和投资回报率。

（三）效果评估

定期评估传播效果，总结成功经验和不足之处。定期的效果评估是确保传播活动持续优化的重要环节。企业应设定合理的评估周期，如每月或每季度进行一次全面评估，对比关键指标的变化，分析并总结传播活动的成功经验和失败教训，根据评估结果调整策略，确保传播活动持续优化。通过评估，企业可以明确哪些策略和活动对品牌传播有积极影响，哪些需要改进或淘汰。据此，企业可以调整传播目标、内容策略、广告投放等，不断优化传播活动，以适应市场变化和受众需求，实现品牌在境外市场的长期稳定发展。

六、企业境外社交媒体危机处理

（一）危机公关与舆情管理

在境外社交媒体运营中，危机公关与舆情管理是企业品牌维护和传播策略中的重要环节。鉴于社交媒体即时传播的特点，企业在国际市场中需要高度关注品牌相关的舆论动态，包括品牌关键词、话题趋势、用户评价及潜在负面内容等。对舆情的实时监控是防止危机扩大化的第一道防线。企业应借助社交媒体监测工具，设置关键词警报，动态追踪市场舆论，确保能够在舆情发生时快速反应。

当出现负面评论或危机事件时，企业需要快速、透明地回应，并通过官方渠道（如企业认证的社交媒体账号、新闻发布会或声明）表达企业的态度和公开解决方案。危机公关的处理需以真诚和专业为核心，避免推脱责任或激化矛盾，同时要积极倾听受众的反馈，展现企业的包容性和解决问题的能力。此外，文化敏感性在危机公关中尤为重要。由于不同国家和地区的文化、习惯和情感表达差异，企业在处理国际舆情时需避免敏感内容引发的文化误解或冲突。例如，涉及宗教、政治或种族相关问题的讨论时，企业需格外谨慎，确保沟通用词中立且尊重多元文化背景。通过建立全面的舆情预警机制，结合人工监测与AI技术分析，企业能够在舆情危机初现时采取有效措施化解，从而维护品牌形象并稳定市场情绪。

（二）合规性与法律遵循

在境外社交媒体运营中，企业需遵循各国和地区的法律法规，确保内容、广告和数据处理符合当地的合规要求。这不仅关乎品牌的公信力，也直接影响到企业在目标市场的合法运营。不同市场对社交媒体运营的规范要求存在差异，例如，欧洲的《通用数据保护条例》（GDPR）要求企业对用户数据的收集、存储和使用保持透明，并获得用户明确授权。这意味着企业在欧洲市场发布广告或进行用户数据分析时，需确保数据处理流程合规，并在隐私政策中明确告知用户其权利。

同时，在广告内容方面，各国平台和法律对广告投放有特定限制。例如，美国要求广告不得涉及误导性声明或虚假承诺，而中国对广告内容中涉及敏感话题、国家安全及社会秩序的表述有严格限制。企业在境外运营中需详细了解目标市场的广告政策，并与当地法律顾问合作，确保广告内容和传播策略的合法性。此外，企业需特别注意在内容创作中规避文化敏感话题，如避免与政治、宗教和种族歧视相关的表述，这不仅可能引发公众反感，还可能带来法律风险。

企业还应注意平台内部的合规要求。例如，Facebook、Instagram、TikTok等平台对广告和内容的格式、目标受众选择及隐私声明均有具体规定。运营团队需熟悉各平台的政策并定期更新策略，以适应平台的规则变化。对于全球运营的企业而言，构建一套标准化的法律遵循流程尤为重要，包括隐私保护政策审查、广告内容合法性确认以及定期进行的员工合规培训。这些措施不仅能够帮助企业降低违规风险，还能增强品牌在国际市场中的信誉和影响力。

通过对危机公关与舆情管理的重视，以及严格遵循法律法规和文化规范，企业能够有效维护品牌形象，规避潜在风险，并在国际市场中建立值得信赖的品牌认知，为企业长期稳定发展打下坚实基础。

第三节　KOL孵化与风格化运营

在企业国际传播的背景下，KOL（Key Opinion Leader，关键意见领袖）孵化与风格化运营是一项至关重要的策略。它涉及通过精确选择、培养与管理KOL，建立品牌与市场的深度联结。

一、KOL孵化在企业国际传播中的重要地位

KOL是指在某一领域内，凭借其专业知识、个人魅力或社会影响力，能够影响或引导特定群体消费决策和社会态度的个体。在国际传播的背景下，KOL不仅是品牌与目标受众之间的桥梁，也是全球范围内多样化文化交流的重要媒介。

在全球化背景下，企业国际传播的重要性日益凸显。传统广告媒介（如电视、广播和报纸）曾是品牌传播的主要渠道，企业依赖明星代言人和专家意见来提升品牌知名度与可信度。然而，随着社交媒体的普及和平台社会的兴起，KOL在国际传播中的角色得到了前所未有的提升，成为品牌与消费者之间直接互动的核心力量。社交平台的普及让更多个体拥有了成为"意见领袖"的机会，KOL不再仅限于传统的娱乐明星或专业人士，甚至普通人凭借自身的创作能力和与受众的紧密联系，也能够成为有影响力的KOL。在国际传播领域，KOL的作用尤为关键，他们不仅能够帮助品牌快速融入当地市场，还能通过本土化的内容创作和文化适应性，提升品牌的国际影响力。

在当下，企业自主打造KOL或者主动寻求与网络达人合作的重要性越发显著，其原因可从以下几个方面进行剖析。首先，社交媒体平台的兴起重塑了信息传播的格局。与传统媒体的单向传播模式不同，社交媒体为用户提供了互动与反馈的空间，消费者的角色从信息的被动接受者转变为积极参与者。KOL作为品牌与消费者之间的桥梁，能够以更具亲和力与贴近性的方式传递品牌信息。这种互动性显著提升了品牌传播的效率与精准度，能够直接触达目标受众，引发情感共鸣，进而推动产品销售。

其次，KOL的垂类与数量日益丰富，涵盖了实体经济、互联网经济、科技、文化等各个领域。企业可以根据自身的品牌定位与目标用户，精准地选择合适的KOL进行合作。这种精准定位能够帮助企业将资源集中于最有可能实现转化的群体，从而提高企业国际传播效率。

再次，KOL的崛起也反映了互联网用户价值观念的转变。当下，个体越发注重个性化与独特性，渴望通过自身的选择来表达自我，特别是作为网络"原住民"的Z世代群体。KOL所代表的文化符号往往能够满足用户的个性化需求，因为KOL本身就是一个具有独特风格与价值观的个体。当消费者通过KOL增进对企业及相关产品的了解时，更能够通过KOL展现的生活情境、个体形象及包含的文化背景对企业建立起完整认知。

最后，社交平台的算法机制为KOL的传播提供了强大的技术支持。平台通过算法将KOL的内容精准推送给感兴趣的用户，进一步扩大了品牌信息的传播范围。这种基于用户兴趣与行为的精准推送，使得品牌能够以较低的成本实现大规模的曝光。

综上所述，在当下，企业打造KOL或"网红"的重要性不言而喻。KOL不仅能够以更具亲和力与贴近性的方式传递品牌信息，还能通过互动性与可信度赢得网络用户信任。同时，精准的定位与社交平台的算法支持，使得KOL成为企业国际传播中不可或缺的力量。在信息爆炸的时代，企业若想在激烈的市场竞争中脱颖而出，实现品牌价值的最大化，善用KOL提升企业国际传播效能无疑是其战略选择中的关键一环。

二、企业KOL孵化：从选拔到培养

（一）联结本土网络达人，实现精准传播

本土KOL在国际传播中的文化桥梁作用不可忽视。近年来，社会科学领域提倡基于区域国别学开展国际传播。区域国别学是一门典型的交叉学科，其研究对象为世界不同区域和国家的政治、经济、文化、社会、军事、人文、地理、资源等多个维度。该学科的目标是构建全面且系统的域外知识体系，通过打通传统学科之间的界限，形成交叉与统合的知识体系，为国家决策、社会发展和企业国际化提供智力支持。区域国别学不仅关注单一学科的研究成果，还强调多学科的协同合作，通过跨学科研究揭示区域和国别的规律与走向。它能够帮助国际传播工作者深入了解目标受众的文化背景、社会心理、信息接受习惯等，从而制定更具针对性的传播策略。例如，通过研究不同国家的文化特点和受众偏好，国际传播可以采用更贴近当地习惯的文化符号和表达方式，增强传播的亲和力和实效性。

选取本土网络达人是基于区域国别思路开展精准国际传播的具体体现之一，本土网络达人深谙本地文化和消费者心理，能够以当地语言和习俗

创作内容，使企业品牌信息更加贴近目标群体和用户。选择本土网络达人，能够增强与本土用户的情感联系，拉近文化距离。这种文化敏感性和本地化内容创作能力，有助于品牌避免跨文化传播中的误解和冲突，提升国际形象。

（二）培养企业人才，加快自主孵化步伐

在全球化背景下，企业的国际传播不仅依赖于同外部"网红"或关键意见领袖（KOL）的合作，更需要通过内部人才的培养与自主孵化，建立自主的KOL资源池。通过自主孵化，企业能够掌控品牌传播的主动权，提升传播的精准度与长期性，减少对外部的依赖，提高企业的国际竞争力和市场响应速度。企业加快人才培养步伐，推动自主孵化KOL的重要性主要在于以下几个方面。

第一，提升品牌一致性与控制力。外部KOL的风格、语气、传播策略等可能与企业品牌的核心价值存在差异。通过自主孵化KOL，企业能够更好地把握内容创作的方向，确保品牌声音的一致性和精准传达。同时，企业也能对这些KOL的培养和运营进行实时监控和调整，确保传播效果最大化。

第二，增强长期战略性。与外部KOL的合作通常是项目式的，更多的是短期行为，而通过培养自有KOL，企业能够实现长期战略布局。自有KOL不仅能够深度理解企业文化和品牌定位，还能在不同的传播节点上承担重要角色，成为企业长期发展的中坚力量。

第三，减少外部风险依赖。依赖外部KOL可能带来潜在的风险，例如KOL的公众形象突发变化、社交媒体平台的政策调整等。通过自有KOL的培养，企业能够规避这些外部不可控因素带来的风险，确保品牌传播的持续性和稳定性。

第四，提高人才的市场适应性。企业可以通过培养和孵化符合本土及全球市场需求的KOL，帮助其更好地适应市场变化。通过定期的培训、实

践和数据分析，企业能够帮助这些KOL在不同市场环境下快速成长，具备较强的市场洞察力和内容创作能力。

三、企业孵化KOL策略

（一）筛选和招募匹配人才

企业应首先从内部和外部寻找具有潜力的员工或合作伙伴，所选人才应具备一定的社交媒体影响力、内容创作能力以及与企业品牌契合的价值观。这些人才可以来自不同职能部门，如市场营销、公关、产品设计、客户服务等，他们熟悉品牌和产品，同时具有一定的内容创作兴趣和潜力。

（二）提供系统的培训与资源支持

初步确定合适的KOL候选人范围后，企业需要通过系统的培训加速其成长。这些培训可以包括以下几点。一是内容创作与社交媒体运营，即如何策划与品牌相关的内容，如何高效运营社交媒体平台（如Instagram、YouTube、TikTok等），提高受众的互动和参与度。二是品牌文化和价值观传递，帮助KOL更好地理解企业的文化、使命、愿景以及产品优势，确保传播的内容与品牌核心价值高度契合。三是数据分析与反馈机制，培训KOL如何利用数据分析工具（例如Google Analytics、社交媒体平台的分析工具）评估内容传播效果，及时调整策略。

（三）提供实践机会和自主创作空间

企业应当为KOL提供实际的创作机会和自主的发挥空间。例如，鼓励KOL发起自己的创意活动、专题内容，同时提供企业资源的支持，如资金、技术、市场推广等，为其提供在社交媒体平台实践的机会，让其充分发挥主观能动性。

（四）构建多层次人才培养体系

完善后续人才储备和梯队建设。企业可以通过搭建不同层次的KOL体系，逐步培养其成为更具影响力的内容创作者。多元化梯队建设和人才培养模式有助于企业在不同发展阶段形成可持续的KOL运营体系。为了鼓励KOL在创作过程中持续努力，企业应设定明确的激励机制，包括财务奖励、职业晋升机会、品牌合作等，确保KOL始终保持高度的创作热情与品牌忠诚度。

（五）搭建长期合作与养成机制

在国际传播的背景下，企业与KOL之间的合作机制不仅要强调内容的创作和传播效果，更要在全球范围内通过文化适配与本地化策略，形成可持续的品牌影响力。因此，搭建长期的合作与养成机制是关键，企业需要通过逐步建立长期合作与养成机制，形成一个可持续性、可操作的KOL生态。

在初期合作期间，小范围测试KOL的国际传播适应性和效果。在国际传播中，初期的合作是企业与KOL建立互信与了解的重要步骤。尤其是进入不同文化市场时，企业需要通过小范围的合作来验证KOL的适应性及其在目标市场的传播效果。合作初期，企业应选择一批有一定影响力但尚未完全适应目标市场的KOL进行合作。通过这种小规模的合作，企业可以迅速评估KOL的内容创作风格、传播效果及其与品牌的契合度。在不同文化市场中，初期合作可以通过线上活动、产品试用或内容推送等低成本形式进行测试，以便收集反馈数据。在国际传播中，各地区的文化偏好和社交媒体使用习惯差异较大，因此，企业应通过初期合作收集数据反馈，评估KOL在特定国家和地区的适应性。

在深度合作期间，应基于数据反馈，逐步优化合作思路。一旦初期合作验证了KOL的适应性，企业可以逐步加大合作深度，推动双方建立长期稳定的合作关系。基于初期合作的数据反馈，企业可以与KOL展开深度的内容创作合作，根据不同市场的需求和文化特点定制传播内容，确保其在全球范围内的传播效果。在深度合作阶段，企业不仅要通过单一平台传播，更要鼓励KOL将其内容扩展到多元国际社交平台，帮助企业建立全球传播矩阵，实现全方位、多维度的市场覆盖。

四、企业国际传播KOL成长路径设计

在国际传播的背景下，企业的KOL孵化与成长路径设计不仅依赖于内容的创作质量，还需要深度合作、文化适配和市场拓展等多维度的配合。通过系统的初期引导、深度合作、持续优化和全球拓展，企业能够培养出符合全球市场需求的KOL，帮助品牌在国际市场上形成持续、精准的传播影响力。

为了帮助KOL在国际传播环境中取得长足的发展，企业需要制定系统化的成长路径设计。这不仅是一个逐步提升影响力的过程，更是KOL个人IP与企业品牌共同成长的战略布局。

（一）渠道拓展，形成全方位的传播矩阵

KOL的成长路径不仅局限于内容创作，还包括平台拓展、市场拓展和社群构建。在这一阶段，企业需要帮助KOL将其影响力从一个平台扩展到多个平台，并进入不同的国际市场。企业可以鼓励KOL拓展至其他社交媒体平台，尤其是在全球范围内具有影响力的社交媒体，如YouTube、Instagram、TikTok、X等。在不同平台上建立跨平台传播矩阵，将有助于提升品牌的全球曝光度和市场认知度。

（二）维护长期价值，加强粉丝社群建设

在全球传播过程中，KOL需要通过与粉丝互动建立长期的情感连接，形成稳定的粉丝社群。企业可以为KOL提供工具和平台，帮助他们与粉丝

建立情感连接，推动粉丝黏性提升和企业认同感形成。

（三）提升KOL文化适配程度

在国际传播中，文化适配是成功的关键。不同地区的文化差异会影响受众对KOL内容的接受度和互动方式。因此，企业需要确保KOL能够理解并适应目标传播国家和地区的文化背景，从而通过本地化内容提升传播效果。企业可以为KOL提供跨文化培训，帮助其深入了解目标市场的文化特点、消费心理和社交媒体趋势。例如，欧美市场可能更注重个人品牌和独立性，而亚洲市场可能更注重群体互动和社会认同。通过这种培训，KOL能够创作出更具本土化色彩的内容。基于不同市场的文化特点，企业应与KOL一起策划符合本土化的内容创作。通过文化本地化，KOL能够更好地与目标市场的消费者产生共鸣。除了文化培训，企业还可以通过实时反馈及时与KOL沟通，帮助其在内容创作中进行调整，以确保传播内容符合当地文化的表达方式。特别是在国际传播过程中，KOL的语言表达、风格调性和图像表现都需要根据目标市场的文化差异进行优化。

五、企业国际传播的风格化运营

风格化运营是指通过对品牌、内容、传播渠道和受众的精准定位，赋予品牌或内容特定的风格或个性，并在长期运营中持续塑造这种风格，从而在市场中形成独特的品牌形象和用户认同感。风格化运营不仅是外在的形象设计，更是对品牌理念、价值观和用户体验的深度融入，目的是通过风格的差异化与一致性，增强品牌的辨识度和用户黏性。在实际操作中，风格化运营包括对内容创作、社交媒体管理、品牌语言、视觉设计等多个维度的规划和执行，确保所有传播活动、所有接触点都能够传递出品牌的独特风格和价值。

在全球化竞争日益激烈的今天，企业的国际传播不仅是语言和文化的简单转换，更是品牌风格的一种全球化传递与本地化适配。风格化运营作为一种品牌传播策略，强调通过一致性、个性化的品牌风格与情感调性，跨越文化差异与语言障碍，确保品牌在国际传播舆论场上具有独特的辨识度、强大的竞争力。

（一）文化融合与共情传播

企业应注重将自身文化与目标市场的文化相结合，通过共情类话题引发海外用户共鸣。通过深入了解目标市场的文化背景和价值观，企业能够设计出与当地文化相契合且能引发情感共鸣的内容，从而增强企业的亲和力和认同感。这种策略有助于企业更好地融入当地社会，减少文化冲突。

（二）创新叙事与内容呈现

创新叙事与内容呈现是提升国际传播效果的关键。企业需要采用新颖的叙事方式和多样化的内容呈现手段，如多平台传播、故事化叙事和互动体验等，以吸引海外用户的注意力，增强品牌的吸引力和影响力。

（三）技术赋能与数字化转型

利用数字化技术和平台提升传播效能。结合多层次和立体化的传播渠道，将技术硬实力转化为吸引海外受众的软实力。通过采用大数据、人工智能、虚拟现实等新技术，企业能够优化传播策略，提升传播效能，实现精准定位和个性化传播。技术的应用不仅能够提高传播效率，还能为受众提供更加丰富的品牌体验。

（四）社会责任与品牌价值传播

社会责任与品牌价值传播对于提升企业的国际形象至关重要。企业通过发布可持续发展报告、参与公益活动以及透明沟通等方式，展示其在环境保护、社会公益等方面的实践，有助于提升品牌的正面形象，赢得国际市场的尊重和认可。

六、企业国际传播KOL未来趋势与创新方向

随着数字技术和社交媒体的不断发展，企业国际传播形态与KOL运营方式正在经历深刻的变革，更多的创新形式将逐渐融入企业的传播战略中，推动企业国际传播的发展。其中，人工智能、虚拟数字人、短视频与直播平台的KOL运营等创新趋势，正在为企业提供新的国际传播机会和挑战。

（一）人工智能与KOL的结合

随着人工智能技术的发展，人工智能正在逐步成为KOL运营的强大支持工具。未来，KOL和AI的结合将从内容创作、粉丝分析、营销策略优化等多个层面深刻影响品牌传播的方式。AI技术能够帮助KOL生成具有创意和吸引力的内容。AI可以通过数据分析、趋势预测、受众偏好等，帮助KOL制定更精准的内容策略，自动生成相关文案、视频脚本，辅助KOL创作。例如，OpenAI的GPT-4可以帮助KOL生成社交媒体文案，甚至为其设计创意短视频内容，使得KOL的内容创作变得更加高效且有针对性。

此外，AI能够通过大数据和机器学习技术，实时跟踪分析KOL的粉丝行为、兴趣变化和互动模式。利用这些数据，企业能够优化与KOL的合作，选择最适合的KOL进行合作，同时帮助KOL更精确地理解粉丝需求，提升内容的受众精准度和互动率。AI能够帮助KOL进行粉丝画像的构建，实现更有针对性的内容投放；还能够实时监测传播效果，并根据数据反馈进行策略调整，实现传播策略优化。例如，通过AI分析用户的情感反馈、互动情况和转化数据，KOL能够快速了解哪些内容能够带来最大的用户参与和转化，进而优化未来的传播策略。通过AI工具，KOL能够更快速、更精准地调整传播策略，提高传播效能。

（二）作为 KOL 的虚拟数字人

虚拟 KOL（又称虚拟偶像）和数字化代言人正在崛起，成为企业国际传播的重要力量。虚拟数字人指存在于虚拟世界中，基于计算机图形学、图形渲染、动作捕捉、深度学习、语音合成等技术打造的，具有外貌特征、表演能力、交互能力等人类特征的复合体[①]。随着数字化技术的发展，虚拟数字人不再是一个简单的动画形象，而是具有独立性格和行为逻辑的虚拟人物。这些虚拟 KOL 不仅可以通过社交媒体与粉丝互动，还能够在多个平台上生成内容，深度参与企业国际传播。在企业国际传播中应用数字人具有以下优势。

第一，内容生产的无限创意。虚拟 KOL 或数字化代言人没有生理和时间上的限制，品牌可以自由控制其形象、个性、行为等特征。虚拟数字人能够创造出极具创意和吸引力的内容。

第二，去中心化的形象塑造。传统 KOL 的形象通常受到个人情感、言行等的影响，而虚拟 KOL 则可以完全去除这种不确定性。品牌方可以根据市场需求调整其个性、言辞风格以及视觉呈现，确保代言人与企业理念高度契合。

第三，全球化与本地化兼顾。虚拟 KOL 不仅能够打破语言和文化的障碍，还可以根据不同国家和地区的文化特点进行形象和语言的定制，增强全球市场的适配性。

（三）短视频与直播平台的 KOL 运营

短视频与直播平台在过去几年中成为企业国际传播的新阵地，尤其在 TikTok、Instagram、YouTube 等平台的迅速崛起下，KOL 风格化运营的方式发生了根本性的变化。

[①] 郭全中 . 虚拟数字人发展的现状、关键与未来［J］. 新闻与写作，2022（7）：56-64.

第一，短视频内容的快速传播与精准定位。短视频凭借其快速传播和易于理解的特性，成为KOL传播的重要形式。通过短视频，KOL能够以更高效、更有创意的方式传递企业信息，同时通过平台的推荐算法，迅速扩大传播范围。短视频平台的流量池庞大，能够帮助品牌快速吸引目标用户群体。

第二，算法与个性化推荐。平台的推荐算法可以基于用户兴趣、行为和历史数据精准推送内容，从而帮助KOL与粉丝之间建立更紧密的连接。短视频平台内容可以根据用户兴趣进行个性化推荐，从而极大地提升企业与KOL内容的曝光度和互动量。

第三，互动性与情感连接。直播平台的实时互动性能够让KOL与粉丝建立更紧密的情感连接。直播平台的互动性使得KOL能够与用户进行实时沟通，增强企业叙事感染力与即时转化能力，实现KOL与企业双向赋能。

（四）未来展望与创新方向

随着技术的不断进步和市场需求的变化，KOL未来的创新方向将涉及多个领域。第一，AI驱动的KOL个性化定制。未来，AI可以根据不同用户的需求和兴趣，定制个性化的KOL内容。企业能够通过大数据分析，识别最具影响力的KOL并进行定制化的合作，进一步提高KOL内容的精准性和效果。第二，虚拟现实与增强现实技术的结合：随着VR和AR技术的发展，KOL可以通过沉浸式体验和互动内容提升品牌传播的效果，优化用户情境体验。第三，去中心化的KOL运营平台。随着区块链技术的应用，KOL和粉丝之间的互动将更加去中心化，品牌可以通过区块链技术建立更透明的合作机制。

未来的KOL运营将更加智能化、数字化与个性化，人工智能、虚拟KOL、短视频、直播等技术的结合，将为品牌带来全新的传播机遇和挑战。企业需要关注这些发展趋势，灵活调整KOL企业国际传播策略，利用先进技术提升传播效果，同时也要关注市场和文化的差异性，确保企业国际传播能够在全球范围内产生最大的影响力和价值。

第四节　移动直播场景打造

在传统媒体时代，广播直播节目和电视直播频道充分发挥了媒介优势。直播创造了信息的即时传播，其突发性、现场性、即时性和伴随性特点十分突出。而移动直播则在继承这些特点的基础上，进一步创造了随身资讯和即时交互的体验。移动设备、5G技术和融合媒介为传播者和用户赋能。对于传播者而言，移动直播的便捷性、灵活性和多样性使其能够紧跟正在发生和发展的事件，从多方位、多形态呈现事件，并及时与用户互动交流。对于用户而言，围观、评论、点赞等互动行为为移动直播注入了新的信息点、新的文化和新的价值。

移动直播突破了传统直播在时空交互上的局限，将"独白"转变为"实时对话"，强化了媒介产品的用户意识，实现了同场域互动、移动化传播和沉浸式场景的创新突破。在移动直播的直播间里，无论是直播区还是评论区，主播还是观众，都同频共振、情绪相连。

在媒体融合的语境下，事件是载体，媒体和用户共同成为直播场域的传播者和分享者。他们的围观、评论、点赞等行为共同塑造了直播空间的形成，使移动直播形成了更丰富的直播场景和语境。

一、移动直播概述

移动直播是以出镜者、互动者为传播主体，以小型移动设备为接收终端，利用网络信号系统，以直播的方式在直播现场完成对事件的报道、传输、即时反馈等传播全过程的超文本跨媒介形式[①]。移动直播是动态聚焦的

[①] 詹晨林，陈洁. 移动新闻直播报道：定义、特征与趋势［J］. 电视研究，2018（3）：35-37.

过程，具有过程感、递进性。连贯的直播能够将新闻事件和现场直接、多角度、全方位地展示在大众面前，观看者体会到的过程感是因为直播的动态变化。直播需要体现现场环境、人物和事件等要素的不断变化，如现场报道话题关注点的变化、直播者的临场反应等，直播的核心价值和关注点就在于不断放大、聚焦信息点，以及现场的临时性和不可复刻性。

二、企业国际传播实践与移动直播

移动直播作为一种高度实时、互动性强的传播形式，已成为企业国际传播中不可或缺的重要工具。它通过移动设备和互联网技术的结合，实现了信息在全球范围内的无障碍实时传递。与传统传播方式相比，移动直播不仅能够迅速覆盖广泛的受众群体，还能通过实时互动建立企业与受众之间的深度联系。观众可以通过评论、提问和投票等功能参与直播内容，从而增强品牌传播的参与感与黏性。

近年来，移动直播已从简单的信息传递工具，发展为跨文化交流与品牌塑造的创新媒介。在国际传播中，直播不仅可以展示企业的品牌文化与价值，还能够作为国家形象的传播窗口，向全球观众展现国家的文化软实力与创新能力。例如，在重大国际活动中，企业利用移动直播平台展示技术创新、公益行动或文化推广，既实现了品牌的全球化传播，也为国家形象的提升贡献了力量。

移动直播的最大优势在于其互动性和情感连接能力。在多元文化背景下，直播为企业提供了一个直接与全球受众沟通的平台，使不同文化的观众能够通过同一个直播间进行交流、分享观点和增进理解。这种跨文化的实时对话不仅有助于品牌形象的塑造，还能在无形中推动国际文化融合，为企业在国际市场中赢得更多的信任与认同。

三、企业国际直播内容策划

移动直播在企业国际传播中已成为塑造品牌形象和推动国家文化输出

的重要载体。其技术优势和实时互动特性使企业能够超越传统传播手段，通过创新内容形式和跨文化交流，在全球市场中构建更深层次的品牌价值认知，同时为国家形象的传播贡献力量。选择适当的直播主题是企业直播策划成功的关键，特别是在移动直播中，主题不仅需要契合直播的即时性、动态性和不可复刻性，还需紧密围绕企业的品牌价值和国际传播目标，具备吸引力和传播力。围绕移动直播的特征，企业在策划移动直播中需突出以下特点。

（一）强调即时性：捕捉实时事件与热点

即时性是直播的核心优势，企业可以通过选择与当前热点或时间节点相关的主题，使直播内容更具时效性和吸引力。首先是热点事件直播，围绕目标市场的重大新闻、节日庆典或行业大会策划主题。例如，在国际节日（如世界环境日、国际文化日）期间，企业可通过直播展示其在可持续发展或文化保护中的努力，与全球受众建立连接。其次是围绕企业技术创新或重大活动发布，如在首次发布企业技术创新或社会责任项目时，利用直播的实时互动性直接向受众传递信息并回答提问。例如，年度报告、技术发布会直播，能凸显企业的创新能力，同时与国家科技形象结合。最后是企业动态的立体化展示，实时展示企业参与的国际活动、合作签约仪式或公益行动，突出品牌的全球化布局和社会责任感。

在直播主题的选择上，主题需结合目标市场的兴趣点与文化背景，确保内容能引发目标受众的关注。例如，选择一个与观众日常生活密切相关的实时话题，能更有效地增强参与感。

（二）突出动态性：呈现多场景、多视角内容

移动直播的动态性使其能够灵活切换场景和视角，为受众提供丰富的观看体验。企业可以选择能够在直播过程中展现动态变化的主题，以增强观众的代入感。直播可以将"走进企业"作为主题，揭示幕后故事与企业

文化，通过直播展示企业日常工作环境、产品生产流程或员工活动，让观众感受品牌背后的真实故事。例如，在文化推广中，可以直播传统工艺的制作过程，呈现品牌对文化传承的支持。利用直播实时互动的特点，企业可以结合现场展示与观众互动的内容设计，例如直播企业文化展厅的导览，或邀请观众参与在线互动问答，让观众成为内容的参与者。在叙事节奏的设计上，企业可以通过动态叙事的活动直播，例如公益行动现场、企业技术成果落地的实际场景展示，让观众亲眼见证企业如何在动态变化中推动社会价值。在设计动态内容时，需明确直播的起承转合，明晰各个环节，从开场介绍到实时展示，再到互动环节和总结，使直播流程逻辑清晰、持续吸引直播平台用户。

（三）体现不可复刻性：创造独特的体验与情感连接

直播的瞬时性、不可复刻性是众多媒介形式中最为特殊的特征之一。其中，不可复刻性是吸引观众观看直播的重要因素，观众观看直播可以归因为稀缺性原则（Scarcity Principle）。该原则源自心理学和行为经济学，核心思想是人们往往会对稀缺的、可获得时间有限的或数量有限的资源产生更强的兴趣和更高的感知价值。

在限定发布中，这种稀缺性可能体现在时间稀缺以及独家内容，直播或内容仅在特定时间段内提供，错过即无法观看（如限时直播）。某些信息或体验只能通过特定渠道（如直播）获取，且不会以其他形式重复出现。心理学研究表明，稀缺性能够激发人们的FOMO心理（Fear of Missing Out，错失恐惧症），即害怕错过重要的机会，从而更愿意采取行动（如观看直播、参与活动等）。

因此，企业在选择独特的直播主题时，需注重"此时此刻"的时空感，确保内容具有稀缺性或一次性体验的价值，进一步增强观众的关注度与传播意愿。

首先，体现不可复刻性需要独特场景体验。利用移动直播的便捷性，选择难以重复的场景作为直播主题。例如，在国家地标、文化遗址或大型国际活动中，通过直播带领观众"沉浸式体验"这些独特场景，让内容更具吸引力。

其次，企业可以尝试策划全球联动活动，策划具有跨时区、跨文化特色的国际活动主题，例如以"全球24小时接力"为主题，通过移动直播连接企业的全球办公室或合作伙伴，展示品牌的国际化布局。

最后，企业在直播策划中可以突出限定内容发布，围绕"限时"或"独家"内容策划直播，例如首次揭晓某一文化合作项目或仅在直播期间开放的互动体验，突出直播的独特价值，主题设计需体现"仅此一次"的传播机会，例如通过预告和宣传强调直播内容的稀缺性，鼓励观众实时观看和互动。

（四）综合品牌塑造与文化传播的需求

在选择直播主题时，需确保内容不仅服务于企业品牌塑造，还能有效反映国家文化形象或推动社会价值的传播。一个成功的直播主题应兼具文化深度和社会责任感，例如以"文化传承与创新"为主题，通过直播展示企业如何将传统文化与现代技术相结合，推动文化的可持续发展。企业可以策划展示传统手工艺与品牌设计相结合的内容，通过直播直观呈现创新产品背后的文化灵感，既传播品牌价值，又体现对文化保护的关注。

此外，公益与社会责任也是值得优先考虑的主题方向。例如，围绕"生态未来"这一主题，企业可以展示自身在环保和公益领域的努力，将品牌价值与全球性议题（如可持续发展、生态保护）深度结合，从而向国际市场传递积极的社会影响力。类似的主题可以进一步凸显企业对全球性问题的关注与参与，拉近与受众的情感距离。

在促进跨文化交流方面，企业可以通过邀请多国专家共同参与直播讨论的方式，选择"文化多样性"作为核心议题，采用圆桌讨论的形式，让直播成为跨文化对话的平台。这种形式不仅能够增强品牌的全球影响力，还能通过对不同文化视角的融合，彰显企业在国际传播中的文化开放性和包容性。

需要注意的是，无论选择何种主题，都需避免过于商业化的内容表达，以免削弱品牌的公信力和文化内涵。更应着重展示企业在社会、文化或环境领域的积极贡献，通过高质量的内容和深刻的价值主张，在国际市场中塑造更具认同感的品牌形象。

选择直播主题时，需充分考虑目标市场的兴趣点与直播的互动特性，以实现更强的吸引力和更好的传播效果。针对年轻观众，可以选择互动性强的主题，例如实时投票、在线挑战或与关键意见领袖联合直播，借助互动形式激发观众参与热情；针对专业观众，可选择内容深度高的主题，如技术论坛或行业趋势讨论，通过深入的内容增强品牌的权威性与专业性；针对文化受众，则可选择展示文化符号和国家软实力的主题，例如节庆文化直播或国际艺术展，通过文化内涵的传播深化品牌的国际形象。在策划过程中，需结合数据分析得出目标市场兴趣点设计主题，例如根据社交媒体的热搜话题或以往直播的受众反馈优化主题方向，确保内容具有高度相关性和吸引力，从而在满足目标市场需求的同时，实现更深层次的品牌认同与情感连接。

整体来看，选择适合移动直播的主题，需要综合考虑直播的即时性、动态性和不可复刻性，同时围绕企业品牌塑造与国家文化传播的目标。通过策划能够捕捉实时热点、呈现动态变化并提供独特体验的直播内容，企业可以在国际传播中建立更深层次的品牌价值认知，并为国家形象的传播贡献力量。直播主题不仅是一场传播活动的核心，更是企业在国际市场中构建长效影响力的重要切入点。

（五）确定主题并策划：品牌与文化的深度结合

直播主题的设计是企业策划好一场面向国际用户的移动直播的基础，直播主题的策划需围绕企业品牌核心价值与国家文化内涵展开，旨在通过内容展示品牌的社会责任、文化认同以及对国家形象的积极推动。例如，企业可以策划以"创新与文化交汇"为主题的直播，通过品牌故事阐述其如何在技术创新中体现国家的工业实力，或通过公益直播讲述企业如何支持国家的文化传承与社会发展。

四、企业面向国际用户开展移动直播的核心流程

（一）直播环境确定：提升文化与品牌体验

直播环境不仅是信息传递的场所，更是品牌文化和国家形象的重要体现，在直播环节中，背景展示体现了企业直播准备工作的完备程度以及文化底蕴。企业需选择能够反映直播主题与文化深度的场景。例如，在展示品牌技术实力时，可以选择具有现代感的高科技展馆；在推广文化内涵时，可以在国家地标或历史文化遗址进行直播，这样不仅能凸显品牌的文化责任，还能彰显国家的文化软实力。

环境设计应特别注重品牌元素与文化背景的融合。例如，在直播背景中加入品牌Logo与当地文化符号的结合，既能突出企业形象，又不会显得过于商业化。同时，需确保技术支持完善，包括光线均匀、音效清晰和网络稳定，避免因技术问题破坏观众体验。

（二）选择直播者：跨文化沟通的桥梁

直播者不仅是内容的传递者，更是品牌形象和国家文化的代言人。企业需选择具备跨文化沟通能力的直播者，例如企业高管、文化领域的专家或具有国际影响力的KOL。直播者需要较高的语言表达能力和沟通水平，能够以专业和亲和的方式传递品牌的价值观，并将企业与国家形象有机结合。

在直播者选择过程中，应特别关注其对目标文化的理解和尊重。例如，在文化展示直播中，直播者可以通过用当地语言问候或讲述与当地文化相

关的故事，拉近与观众的心理距离。此外，直播者需经过专业培训，确保其在直播过程中能够灵活应对跨文化传播中的敏感话题，避免引发文化误解或争议。此外，在直播者选择过程中，需要注重考察直播者的随机应变能力和紧急情况处理能力，以应对直播这一不确定性较强的场域。

（三）平台机制：选择合适平台以实现文化触达

国际传播需要针对目标市场选择适合的直播平台，以最大化品牌影响力和国家形象传播的覆盖范围。例如，在欧美市场，YouTube Live 和 Instagram Live 面向的用户更多。企业应提前熟悉直播软件应用过程，进行小范围试播和技术调试，充分理解平台直播的各项机制，利用平台的推荐机制和互动功能，如评论区的实时互动、观众投票和打赏功能，增强直播的参与感。

为了提升平台传播效果，企业需对平台算法进行充分研究。例如，优化直播标题和标签，加入与国家文化相关的关键词（如"可持续发展""文化保护"等），以吸引更多国际观众的关注。同时，提前发布直播预告或进行短视频预热，通过社交媒体引发关注，为直播活动积累用户人气，借助平台进行流量引入。

（四）直播形式的多样化创新：让品牌与国家文化共鸣

直播形式的多样化创新是提升品牌与文化传播力的重要手段，为观众提供更具吸引力和互动性的观看体验。例如，企业可以策划文化展示直播，通过圆桌讨论的形式邀请文化学者、品牌高管以及行业专家共同探讨国家文化与品牌发展的共通点。这不仅能够深化品牌在国际市场中的文化内涵，还能通过多角度的对话增强观众对品牌的情感认同。或者，企业可以策划公益主题的直播活动，展示自身在文化传承、生态环保或社会公益事业中的具体行动，以传递企业的社会责任感和价值理念。

企业可以结合技术创新，利用VR和AR技术，为观众带来更加沉浸式的直播体验。例如，通过AR技术，观众可以在直播中实时互动，体验国家文化符号（如古建筑模型或传统手工艺），或者观看动态效果演示，让文化内容变得更加生动直观。与此同时，VR技术可以帮助观众"身临其境"地参与品牌展示，比如"虚拟参观"品牌的研发中心、生产设施或国家文化地标，感受品牌在创新与文化传承中的作用。这种技术与内容的结合，不仅增强了直播的吸引力，还能有效提升品牌和国家形象及其在全球市场中的传播力与影响力，为国际观众打造全新的文化体验和情感连接。

（五）推流与技术支持：确保高质量传播

推流技术是实现全球同步直播的核心技术，直接关系到直播的流畅性和观众的观看体验。企业在开展国际传播直播时，应采用高效、专业的推流工具，例如OBS Studio、Streamlabs或其他具备高清流媒体传输能力的工具。这些工具不仅能够确保画面的清晰度和流畅性，还可以支持多平台同步直播，使直播内容能够在多个国际主流平台（如YouTube、Facebook、TikTok等）同时分发，从而大幅扩大传播覆盖面。在正式直播前，企业需在测试阶段对技术细节进行全面检查，重点确保网络连接的稳定性、画质分辨率与音频同步性，以避免画面卡顿、音画不同步或延迟过大的问题影响观众体验。同时，还需对直播场地的网络环境进行压力测试，确保能够满足高码率推流的需求。对于多平台直播，应充分利用推流工具的设置功能，根据不同平台的技术要求（如分辨率、帧率和视频编码格式）进行优化配置，以确保直播在各平台上的效果一致。

在推流过程中，动态画质调整技术是确保观众观看体验的关键。企业可以根据观众的设备类型（如手机、平板或电脑）和网络状况（如4G、5G或Wi-Fi），动态调整直播画质，以确保在弱网络环境下也能提供流畅播放的体验。例如，在网络信号减弱时，推流系统可以自动降低分辨率或码率，从而避免画面卡顿或加载延迟，提高观看的连续性。此外，为了应对可能的突发技术问题，企业需准备备用推流方案，例如配置云推流或备用服务器。当主推流线路因网络中断或服务器故障出现问题时，备用方案可以迅速接管，确保直播不中断。此外，可以部署冗余推流机制，通过多条线路同时传输直播内容，以增强直播的稳定性和容错能力。这种技术备份不仅是应对技术突发状况的关键手段，也体现了企业在国际传播直播中的专业性和可靠性。

通过对推流技术的全面规划和高效应用，企业不仅可以保障直播技术层面的质量，还能有效提升品牌的传播力与国际观众的观看体验，为品牌在全球市场中的形象塑造奠定坚实的技术基础。

（六）突发情况预案：确保品牌和文化形象的稳定性

移动直播的实时特性意味着突发状况不可避免。企业需制订全面的应急预案，包括网络中断、设备故障或直播者偏离主题等情况。例如，可以准备预录内容作为备用选项，当网络出现问题时，快速切换到备用内容。

在内容控制方面，需安排专人实时监控观众互动，删除不当评论并引导话题方向，确保直播内容始终围绕品牌和文化主题。此外，对于可能引发文化敏感问题的观众提问，直播者需提前准备标准化的回应策略，在不回避问题的同时，维护品牌与国家形象的正面性。

在企业国际传播中，移动直播具有强大的品牌塑造与国家形象传播能力。通过系统化的流程设计、文化适配与形式创新，企业不仅能够展示自身的核心价值，还能通过品牌的全球化表达助力国家软实力的提高。结合移动直播的实时互动特性，企业能够与全球受众建立深度情感连接，为品牌和国家形象在国际市场中的传播奠定坚实基础。

第五节　展会等境外活动策划

国际展会是指企业、政府机构或行业组织在特定场所举办的全球性展示活动，涵盖产品、技术、品牌与文化的综合展示。作为跨国贸易与文化交流的重要平台，国际展会具有参与主体多元化、全球化影响力强、展示形式高度集中等特点。通过展会，企业能够与来自世界各地的潜在客户、合作伙伴和同行展开直接交流，进一步实现品牌的国际化传播。对于企业而言，国际展会是打开全球市场的重要入口，不仅可以显著增强品牌曝光度，还能够借助展会直接接触国际客户，获取市场反馈并发掘合作机会。此外，企业通过展会展示技术创新与产品领先性，有助于巩固行业地位，同时提升其国际形象与信任度。

在国际传播层面，展会是文化交流与国家形象塑造的重要窗口。企业在展会中不仅传播自己的品牌，还作为国家文化与技术实力的传播载体，为国家在全球范围内增强软实力做出贡献。展会还能够通过多维传播渠道——如现场展示、数字化传播和媒体报道——扩大企业与国家文化的国际影响力。作为经济与文化互联互通的纽带，国际展会进一步推动了跨文化交流与全球化合作的深入发展，为企业与国家在国际市场中的长远发展提供了强有力的支持。

一、展会概述

（一）国际展会的定义

国际上关于展会的定义，主要包括狭义和广义两种。在欧洲，展会通常被称为C&E（Convention and Exposition），即会议和展览，这是一种狭义而纯粹的定义。在美国，展会被称为MICE（M: Corporate meeting，即企业会议；I: Incentive tour，即奖励旅游；C: Conventions，即大会；E: Events，即公开活动），涵盖了多种类型的活动，如博览会、交易会、展示活动、节庆活动以及奖励旅游等，这是一种广义的定义。

在我国理论界，关于展会的定义也体现了类似的观点。有学者指出，展会是指在特定场所进行的集体性物质文化交流和交易活动，是会议、展览、展销等群体活动的总称。从狭义角度看，国际展会是指其主办方或承办方所服务的对象不仅包括本国的相关领域人士或机构，还包括来自国外的相关领域参会者。国际展会的承办方是负责展会具体组织事务（如宣传、招展招商、公共关系、策划等）并协调相关服务的主体，这些主体通常包括政府机构、企业或行业协会等，它们是整个国际展会运作的核心。

从广义上讲，国际展会不仅涉及营销对象的国际化，还涵盖了承办方及展会产业链中其他某些环节的国际化。展会产业链是围绕展会活动进行，以满足消费者需求为核心的一系列服务产业所构成的价值链条。这些服务包括展会公司、展会场馆运营商，以及相关服务机构（如旅行社、餐饮企业、酒店、展位搭建设计公司、物流公司、翻译公司等）。按照核心功能，国际展会可以分为交易性国际展会、非交易性国际展会、国际会议及国际节庆活动四大类别。

（二）国际展会特征

国际展会具有以下显著特征，这些特征使其成为国际化交流与合作的重要平台。首先，展会参与对象及展会产业链的国际化是国际展会的核心特征，也是其区别于国内展会的本质所在。具体而言，国际展会的国际化程度体现在参会者的广泛性，来自不同国家和地区的参展商和观众通过展会实现跨国界的交流与合作。国际化不仅体现在营销对象的国际化，还包括展会产业链的国际化，例如承办方、品牌及其他服务提供商的跨国服务能力。狭义的国际展会主要关注营销对象的国际化，而广义的国际展会则进一步涵盖了承办方及展会产业链其他环节的国际化。

其次，产品、服务、信息和人员等要素的跨国流动是国际展会的基本特征之一。国际展会涉及物资、服务、人员和信息的交换与流动，其中许多要素的流动跨越国界。来自不同国家的参会者通过贸易、消费和交流活动实现了多层次的跨国资源转移，这种跨国流动显著增强了展会的国际影响力。

再次，国际展会对服务的要求极为严格，需要更加完善的服务体系。成功的国际展会必须提供细致、全面的服务，以满足不同国家参会者的需求，包括语言翻译、对文化习俗的尊重以及便捷的交通安排等。这些服务不仅提升了参会者的体验，也直接影响着展会承办方的国际声誉。优质服务能够为参会者留下深刻印象，而服务不足则可能对承办方的品牌形象造成负面影响。

然后，国际展会还具有显著的专业性特征。国际展会的内容通常聚焦于特定行业或领域，例如高新技术、可持续发展、文化创意等，这种专业化的定位吸引了大量的专业观众和业内权威人士参与。通过高度专业化的展览内容和活动设计，国际展会成为行业内信息交流与资源整合的重要平台。专业观众可以通过展会了解行业最新动态、技术发展趋势和市场需求，而参展企业则可以直接与行业专家和潜在客户进行深入沟通，从而提升行业内信息交流的效率，并推动行业的技术创新与合作升级。例如，专业性强的展会活动（如技术论坛、行业趋势发布会以及专家圆桌讨论），不仅丰富了展会内容，还深化了行业内各方的互动与联系。

最后，国际展会还体现了极为丰富的交流性特征。作为一个全球化的交流平台，国际展会的交流性不仅表现在产品和服务的展示上，更在于它为企业提供了寻找合作伙伴、拓展市场和签订商业合同的重要渠道。企业通过国际展会能够直接接触到目标市场的买家、供应商和合作方，展开深入的商务洽谈和业务合作，从而大幅提升市场开发的效率。此外，国际展会还为学术交流、技术合作与文化传播提供了重要场景。例如，通过举办国际论坛、技术发布活动和跨文化研讨会，展会搭建起了跨文化、跨领域的互动平台。不同国家的参会者可以在展会中相互学习和借鉴，从而在技术交流中寻找创新灵感，在文化传播中增进理解和合作。这种多维度的交流，使国际展会成为全球化背景下推动经济发展和文化融合的重要媒介。

国际展会以其高度国际化、广泛的跨国要素流动，专业化内容以及综合性的服务和交流功能，为国家和企业搭建了一个多层次、全方位的全球化合作与传播平台。国际展会不仅是物资交流的场所，更是文化、信息、技术以及社会价值的多层次交流平台，其成功与否不仅取决于展览内容，还在于是否能够高效地满足国际化环境下的多样化需求。

（三）企业国际传播中的国际展会

国际展会已经成为中国开展对外传播、塑造国家形象、实现国家利益的重要平台。对外传播的效果取决于传播力与影响力。其中，影响力是关键。而对外传播影响力的取得，与传播的内容和相对应的传播技巧息息相关。随着我国展会业务的高速发展及对外开放的不断深入，国际展会已经成为我国对外经贸交流的重要渠道。国际展会涉及货物、人员、资金及服务的跨境流动，发展国际展会业是扩大我国服务贸易的重要路径，符合我国经济发展战略的客观要求。

无论是参加展会还是举办展会，国际展会都是企业开展国际传播的重要机会。它不仅为企业提供了集中展示品牌形象、技术创新和文化内涵的平台，也为企业深入了解国际市场、建立合作关系和提升全球影响力提供了宝贵的渠道。作为全球化经济和文化交流的重要枢纽，国际展会在企业国际传播中扮演着多层次的关键角色。以下从品牌塑造、市场拓展、文化传播及多维互动四个方面，探讨国际展会在企业国际传播中的作用与价值。

国际展会是品牌塑造的窗口之一。国际展会是企业向全球市场展示品牌形象的最佳途径之一。通过展会，企业能够以直观而生动的方式向国际观众传递品牌核心价值与文化内涵。无论是精心设计的展台布置、品牌故事的讲述，还是创新技术的展示，都能够在展会现场为受众留下深刻的品牌印象。同时，国际展会的高度国际化特性，使得企业能够借助其多元文化背景和全球化氛围，塑造具有跨文化认同的品牌形象。例如，科技企业在国际科技类展会中，通过展示最新的技术成果，可以彰显其行业领导力与创新能力；文化创意类企业可通过展示融合传统与现代的设计作品，增强品牌的文化吸引力与认同感。国际展会的品牌塑造效果还体现在企业对外部传播资源的利用上，如展会现场媒体报道、社交媒体直播以及多渠道内容传播，都能够进一步放大品牌的国际影响力。

国际展会是市场拓展的桥梁。国际展会不仅是品牌传播的窗口，更是企业开拓国际市场的重要桥梁。通过参展，企业能够直接接触到来自全球的潜在客户、合作伙伴和行业同行，为市场拓展和业务合作创造机会。在展会中，企业可以通过现场展示、商务洽谈和产品体验，快速了解目标市场需求并调整策略，同时与客户建立直观且深刻的联系。国际展会增进了企业与同行业的交流互鉴。在国际展会中，参展企业能够通过观察国内外企业的展示内容、市场策略以及技术趋势，获取行业最新动态，从而优化自身在国际市场中的定位，增强品牌在国际市场中的话语权。

国际展会是文化传播的纽带。国际展会作为经济活动与文化交流的交汇点，不仅是产品和技术的展示场所，还是企业推动文化传播的重要平台。在展会中，企业可以通过跨文化叙事，将品牌价值与所在国家的文化特色相结合，通过产品设计、展台装饰和互动体验等形式，向国际受众传递文化内涵。例如，企业可以在展会上展示产品背后的文化灵感来源、环保理念或社会责任故事，借此彰显品牌的文化深度和社会价值。通过与不同国家参展商和观众的互动，企业还能够加强文化间的相互理解和认同。这种文化传播不仅有助于企业提升品牌认知，还能够通过企业的传播活动增强国家文化的国际影响力，推动国家形象的塑造。因此，国际展会不仅是企业的传播工具，也是国家软实力提升的重要渠道。

国际展会构建多维互动的传播生态。国际展会在企业国际传播中构建了一个多维互动的传播生态系统。企业可以通过展会实现现场传播、媒体传播和数字传播的整合，形成从线下到线上的多重传播路径。展会现场的互动性为企业提供了与观众直接对话的机会，例如通过产品体验、现场问答、演示活动等方式，让观众深入了解品牌价值和技术优势。同时，企业可以结合社交媒体和数字技术，将展会内容实时传播至全球观众，例如通过现场直播、在线问答或互动投票，扩大展会的传播范围。此外，利用

AR、VR等技术，企业还可以在展会中营造沉浸式体验，让观众"亲历"品牌的产品世界或文化场景，增强传播效果。这种多层次、多维度的传播方式，使国际展会成为企业构建全球传播网络的重要工具。

无论是作为参展商还是展会主办方，国际展会都是企业国际传播的核心抓手。它集品牌塑造、市场拓展、文化传播与多维互动于一体，为企业提供了从内容展示到跨文化沟通的全方位传播支持。在展会上，企业不仅能够彰显品牌的全球影响力，还能推动所在国家文化和经济实力的展示与输出。通过国际展会，企业在全球化浪潮中获得了更广阔的传播平台和合作空间，其影响力也随着国际展会的扩展而不断增强。因此，充分利用国际展会的资源与优势，是企业实现国际化发展的重要路径，也是推动品牌与国家形象传播的关键战略工具。

二、展会前期策划流程

（一）目标与计划制订

展会策划的第一步是明确展会目标和制订详细计划。这包括市场拓展目标、品牌传播目标、产品推广目标和合作洽谈目标。通过分析目标市场和潜在客户群体，明确展会的核心诉求，并制定可量化的目标。同时，根据企业资源和预算，制定时间表，分配任务，确保各环节顺利进行。

（二）选择展会与合作伙伴

根据目标行业的特点，评估展会的行业影响力、规模和覆盖范围，选择与企业国际传播目标最匹配的展会。同时，选择专业的展位搭建商、物流合作伙伴以及宣传推广机构，为展会的成功举办提供专业支持。

（三）具体准备

前期准备是展会成功的基础，主要包括展位设计与搭建、展品准备、团队培训和宣传推广。展位设计需兼具吸引力与功能性，能够突出企业品牌与中华文化特色。展品应精选代表性产品并配备详细资料，同时确保物流运输的顺畅。团队培训需涵盖产品知识、销售技巧和跨文化礼仪，提升团队的专业表现力。在宣传推广方面，通过官网、社交媒体、电子邮件等多渠道发布展会信息，吸引目标客户和观众的关注。

（四）测试与应急预案

在展会开始前，对展位搭建、技术支持和物流运输进行全面测试，确保设备运行正常、展品到位无损。这一阶段的测试工作至关重要，它不仅能够帮助我们及时发现并解决潜在问题，还能确保展会期间一切顺利进行，为参展商和观众提供最佳体验。同时，制订详细的应急预案，包括应对设备故障、客户流量超载或突发情况的解决方案，并进行演练，是确保展会顺利进行的重要保障。通过模拟各种可能的突发情况，检验应急预案的可行性和有效性，同时提高团队成员的应急处理能力，确保在突发事件发生时能够迅速、有效地采取行动，最大限度地减少对展会的影响，保障展会的顺利进行。

三、展会当天执行事项

（一）展会现场管理

展会当天的现场管理需要高度有序。展位布置应整齐美观，所有展品和资料均需保持良好状态，展台设计需与展会主题一致，吸引观众的目光。展会团队需分工明确，包括客户接待、技术支持和互动活动负责人，确保展会现场流畅运作。

（二）客户接待与互动

现场客户接待需体现热情与专业。团队应主动与客户沟通，了解其需求并详细介绍产品，同时记录客户信息与反馈。通过互动环节，如实时产品演示、问答活动或抽奖游戏,吸引更多观众参与并增强品牌记忆点。

(三)活动执行与突发问题处理

策划的现场活动需要严格按照计划执行,如产品发布会、专题研讨会或文化展示活动等。此外,展会团队需对突发情况保持敏感,例如设备故障或客户高峰期排队问题,快速响应并解决问题,保障观众的良好体验。

(四)实时传播

展会可以结合移动直播等多元媒体技术,通过直播、社交媒体动态更新和媒体互动,扩大展会的传播范围。团队需实时分享展会亮点、观众反馈和活动内容,吸引无法到场的国际观众关注。

四、展会结束后流程完善

(一)品牌传播延续

展会后,通过发布回顾视频、新闻稿和社交媒体帖子,进一步扩大展会影响力。分享展会中取得的合作成果和精彩瞬间,基于媒体和公关合作,进一步加强品牌的持续曝光,同时展示企业在国际市场中的专业性和文化深度。

(二)信息整理与留存

展会结束后,第一时间整理收集到的各国际企业信息,包括联系方式、需求和意向合作领域。筛选潜在合作伙伴并制订个性化跟进计划,通过邮件或电话进一步沟通,推动意向转化为实际合作。将此次展会物料、宣传等信息进行收集整理,方便后续使用。

(三)效果评价与总结

展会的评价体系还应考虑物理空间设计、可及性、媒体宣传和奖励机制等因素，以全面衡量展会的综合表现。通过这些多维度的评价方法，展会评价不仅能够为参展商和观众提供有价值的反馈，还能帮助展会组织者发现不足，持续改进和优化展会质量，为未来展会的策划提供参考。

（四）维护合作关系

展会结束并不代表工作结束，企业需通过持续发力维护和巩固展会成果。定期与合作企业、媒体以及国际组织保持联络，邀请合作伙伴参与后续活动或线上交流会，深化合作关系，将展会成果融入企业的长期品牌传播计划中，为国际传播奠定坚实基础。

五、展会评价体系搭建

展会评价是衡量展会成功与否的关键环节，它不仅有助于参展商和观众了解展会的实际效果，还能为展会组织者提供改进和优化的依据。通过系统的评价方法和标准，可以全面评价展会的各个方面，从而提升展会的质量和影响力。学界对于国际展会评价的思路主要围绕整体评价、主体评价和服务质量三个核心维度展开。整体评价通过国际权威认证机构的标准，如国际展览联盟（UFI）和德国博览会和展览会统计自愿审核学会（FKM），对展会规模、数据和质量进行量化分析和认证。[①]

（一）展会认证模式

UFI是国际上最具权威性的展会认证机构之一。UFI认证的展会可以在展览中使用UFI认证的Logo，代表展会的高质量和高标准。UFI的认证标准分为普通展会和国际展会两类，普通展会指已举办两次，提供审计数据，包括净展览面积、参展商和观众数量，展会必须在永久性建筑举办，场地

---

① 姜薇.国外展会活动评价方法与标准研究［J］.中国建设信息化，2019（21）：70-72.

维护良好，资料需为英文。国际展会指在普通展会基础上，国际参展商至少占总参展商的10%，国际观众至少占总观众的5%。FKM聘请审计专家对展会数据进行统计，包括展览面积、参展商和观众数量等，通过审计的展会会在推广中予以标记。法国综合性和专业性展览会统计审计办公室（Office de Justification des Salons）与FKM类似，对展会数据进行审计，通过审计的展会也会在推广中予以标记。

（二）不同主体主导的评价指标

主体评价主要从参展商和观众两个角度出发，通过量化目标和营销推广等手段评估参展效果；观众则侧重于满意度和质量评价，包括净采购影响率、总购买计划率和兴趣因子等指标。

（三）展会评价的核心指标

服务质量评价聚焦于展位管理、内容、注册、进入、布局和吸引力六个维度，强调服务质量对满意度和行为意向的正向影响。其中，内容维度最为关键，参展者尤为关注参展商数量、产品质量以及展会期间的各类活动。研究表明，服务质量对参会者的总体满意度和后续行为意向具有显著的正向影响。对于参展商而言，他们着重关注参会者的质量和数量、展位的展示位置以及注册流程的便捷性。展台人员的专业知识和沟通能力至关重要，他们需要能够与潜在客户建立有效联系，从而提升参展商的市场影响力。此外，展位的标识设计、视频展示、整体布局以及会议讨论区的规划对服务质量有着深远的影响，这些因素共同助力企业实现展览目标。可及性也是衡量展会质量的一个重要指标，它涵盖了展会地点的便利性、服务设施的完善性以及展会时间的合理性。媒体宣传和奖励机制在吸引观众参观展览方面发挥着重要作用。

展会评价是一个系统性的过程，涉及多个主体和多个维度。通过展会认证模式和审计模式，可以对展会的整体质量进行评价；通过参展商和观众的评价指标，可以深入了解展会的实际效果；通过服务质量评价体系，可以全面评价展会的服务质量。这些方法和标准不仅有助于提升展会的质量和影响力，还能为展会组织者提供改进和优化的依据。

企业国际传播人才能力提升—考核评估指标表

可定期量化操作的考核评价体系能够激发企业国际传播人才在工作实践中的积极性和关注度，推动企业国际传播向纵深发展。本书附录以下考核评估指标，希望能为企业的国际传播人才考核过程提供一些借鉴与参考。

附表1　企业国际传播人才能力提升—考核评估指标

考核板块		考核项目	考核方式	占比
理论	外圈	政治素养	定期开展思想汇报	10%
		跨文化传播能力	敏感度发展模型（DMIS）适应性量表（CCAI）跨文化发展量表（IDI）	10%
	内圈	语言素养	语言通用级别考试某选题外语稿件任务	10%
		传媒知识	新闻传播通识测验	10%
		业务素养	定期企情测验	10%
实战		境外短视频制作	短视频精美程度和用户反馈等	10%
		境外1个月社交媒体运营	1个月后账号粉丝数与互动量等	10%
		境外活动策划	量化评估活动相关标签的讨论量	10%
调研		受众国实地调研	实地调研后撰写心得体会报告	20%

首先"理论"板块，针对外圈的"政治素养"，可以让学员定期开展思想汇报，确认学员对中国政治、历史、社会、经济等各方面的国情了解更新度。"跨文化传播能力"可以使用目前国际上学者们提出的不同模型及量

表考察和测量学员的传播能力，包括敏感度发展模型（DMIS）、适应性量表（CCAI）和跨文化发展量表（IDI）等。针对内圈的"语言素养"，可以通过语言通用级别考试确认学员的第二乃至第三语言能力，或通过某选题的外语稿件任务，考验学员使用外语采、写、编、评、译的能力。"传媒知识"则可以开展新闻传播通识测验，确认学员的新媒体技术使用能力，以及新闻传播专业理论基础与智能媒体掌握程度。"业务素养"可以通过定期的企情测验，确认学员对公司业务与文化的了解程度。各考核项目占比分别为10%。

其次"实战"板块，在"境外短视频制作"方面，可以就短视频精美程度和用户反馈等进行打分评级。在"境外1个月社交媒体运营"方面，可以在1个月后就账号粉丝数与互动量进行打分评级。在"境外活动策划"方面，可以量化评估活动相关标签的讨论量，确认该事件的国际传播影响规模。各考核项目占比分别为10%。

最后"调研"板块，可以让学员在每次实地调研后撰写心得体会报告，之后由专家评分，确认其参与积极性和关注度，完成调研课程评估。该板块占比20%。

建立考核机制本身不是目的，考核机制下倒逼的学员国际传播能力提升才是最终目的。希冀本项可量化、可操作的考核评价体系有助于企业国际传播人才能力向更纵深方向发展，完成人才能力培养的最后闭环①。

---

① 周敏，赵秀丽. 中国企业国际传播人才能力提升路径研究［J］. 对外传播，2024（2）：41-44.

企业海外网络传播力建设优秀案例

近年来，我国企业纷纷布局海外网络传播力建设，在国际传播中积极探索内容传播新方式，借助多样化的创意手段，提升传播内容的多维性与吸引力。通过将大语言模型与人工智能技术相结合，企业不仅展示了自身的业务能力和发展成果，还通过创作音乐、海报、视频等多种跨媒介形式，打破传统传播模式，拓展国际影响力，涌现出了诸多企业海外网络传播力建设优秀案例。

一、全平台发力，中国石油天然气集团有限公司展现社会担当

中国石油天然气集团有限公司（简称"中国石油"）海外传播力综合指数得分在北京师范大学新媒体传播研究中心、中国日报网、光明网、《对外传播》杂志和北京师范大学教育新闻与传媒研究中心联合发布的《2024中国大学、央企、城市海外网络传播力建设系列报告》中，位列97家中央企业第一。近年来，中国石油围绕共建"一带一路"、生态环保、共享发展等主题，积极展现关注当地民生、主动承担社会责任的良好形象，有力促进了企业与当地社会发展深度融合。

作为我国国际化经营的代表性企业和"一带一路"能源合作主力军，中国石油高度重视国际传播能力建设，近年来，已建设并形成以海外社交媒体为平台的传播矩阵。2024年，中国石油海外社交媒体账号总浏览量达到15.8亿，粉丝量为438万，产生了12个"百万＋"优质作品。部分作品被美联社、福克斯新闻网等全球200多家媒体转载，多个聚焦"一带一路"及中国石油相关主题的作品在国际传播领域斩获多项奖项与荣誉[1]。

---

① 王馨悦.中国石油海外传播力综合指数位列央企第一［N］.中国石油报，2025-01-15（1）.

二、多媒介形式，中国中车集团有限公司深化国际交流

中国中车集团有限公司（简称"中国中车"）围绕"构建更有效力的国际传播体系"，按照"平台＋内容"的建设思路，以"服务战略、服务品牌、服务市场、服务员工"为宗旨，全新打造中国中车国际传播区域平台，创新推出"中国中车'绿驰'交流中心"项目，目前奥地利及印度尼西亚"绿驰"项目已完成建设并启用。

中国中车持续深化墨西哥、巴西、奥地利等国家的国际传播区域平台建设；联合国内知名高校实施18个集团级国际传播拓展项目；强化全球媒体链建设，搭建起包括集团级、子公司级、员工大V级在内的三级国际社交媒体传播矩阵，粉丝超过120万。利用全球媒体平台大力传播驻华使节走进中国中车、系列新能源机车下线、亮相汉堡国际风能展、CR450动车组样车全球发布等重大新闻，曝光量达十亿级次。"墨西哥蒙特雷4、6号线单轨项目首列车顺利交付""马来西亚ETS3新型米轨动车组下线""CINOVA2.0在武汉上线"等爆款推文依托重磅产品产生，助力提升中国中车品牌的全球知名度与美誉度。

在国际传播领域，中国中车获得多个奖项。《"坐着火车看世界"系列——海外十余年，守护"中国造"》入选2023中国企业国际形象建设案例征集活动"筑梦人物故事类"优秀案例；《构建"1+1+2+N"国际传播体系 向世界讲好中车故事》国际传播案例荣获第二十届中国公共关系行业最佳案例大赛"讲好中国故事类（含企业出海国际传播）"金奖；《月满情浓！中老铁路两国员工共同举办中秋文化活动》入选2024年度央企海外十大精彩瞬间；微纪录片《山顶咖啡馆》入选第六届"第三只眼看中国"国际短视频大赛企业竞赛单元获奖作品；微电影《我的外国闺蜜》入选第六届"一带一路"百国印记短视频大赛"丝路Z世代"获奖作品等。[①]

---

① 中国中车海外网络传播力位列央企前十［EB/OL］.（2025-01-14）［2025-01-28］. https://mp.weixin.qq.com/s/VGZaIJ4Vh6ygzGqtItPKPw.

三、善用人工智能：中国能建、三峡集团、中石化等利用大语言模型赋能国际传播

中国能源建设集团有限公司（简称"中国能建"）在X平台发布由AI生成的视频，通过先进的技术手段和生动的视觉呈现，全面介绍了企业在创新、绿色发展、数字智能以及融合发展方面的成就与未来愿景。视频以清晰的逻辑结构和丰富的内容细节，展现了企业在推动能源行业转型升级、实现可持续发展目标方面的努力与成果，同时展望了未来在技术创新和绿色能源领域的战略规划，传递出企业致力于引领行业发展的决心与信心。

中国长江三峡集团（简称"三峡集团"）在Facebook平台发布的AI视频作品，以温暖人心的内容和创新的动画形式，深入展示了企业在帮助当地农民、振兴农村经济方面所做的积极努力。视频通过细腻的叙事和富有感染力的画面，描绘了企业在推动乡村振兴、改善民生福祉方面的具体实践，体现了央企在履行社会责任、促进共同富裕方面的使命担当。这种兼具情感温度和创新形式的传播方式，不仅拉近了企业与国际受众的距离，也增强了品牌的社会影响力和公众认同感。

中国石油化工集团有限公司（简称"中石化"）则围绕"AI共赏中国神话"的主题，发布了系列海报，巧妙地将现代科技与传统文化相结合，体现了央企在推动科技前沿与弘扬传统文化方面的双重责任。海报通过AI技术对中国神话故事进行创意演绎，既展现了企业在人工智能领域的创新实力，又传递了对中华优秀传统文化的传承与弘扬。这种融合科技与文化的传播方式，不仅彰显了企业的文化自信，也向国际社会展示了中国企业在科技创新与文化传播方面的独特魅力。

四、凸显科技：华为搭建长期话题，彰显行业典范

华为长期以来展现了其在不同社交媒体平台上的精准策划与高效运营能力，其善于根据各平台的特征，开展具有针对性的内容策划，通过精心

设计的内容，传递品牌价值，增强国际影响力。在议题设置层面，华为利用Facebook和X平台账号连续发布"#WinWin"话题，展示其与外国政府、企业以及科研机构在5G等高科技领域的合作。[①]这一系列内容不仅体现了华为在科技领域的强大实力，还展现了其包容的国际合作心态，彰显了奋发向上、积极创新的中国企业形象。这些内容受到网友的充分肯定，评论整体积极正向，传播效果良好，有效提升了华为在国际社交媒体领域的影响力和美誉度。

在内容创作方面，华为注重创新内容表现形式，以带给用户更多"新意"。针对LinkedIn这一职业社交平台，华为凭借世界移动通信大会的热度发布视频，该视频在短时间内获得广泛关注，提升了品牌国际影响力。在视频中，华为采取了动画和实地演示等多种方式，全面展示了5.5G技术在传输速度、延迟和连接密度等方面的优势。这种直观的表达方式不仅让海外受众对5.5G技术有了更深入的了解，也让其对华为在通信技术领域的创新能力有了更高的评价，进一步提升了企业海外形象的美誉度。华为通过精准的平台策略、创新的内容表现形式以及积极的用户互动，成功地在国际社交媒体上树立了良好的品牌形象，增强了品牌的国际影响力。[②]

---

① 海外网友"围观"中国企业新动作！［EB/OL］.（2024-03-26）［2025-01-28］. https://mp.weixin.qq.com/s/_IUOzZw6Cci5KZyDtiqE3w.

② 海外网友"围观"中国企业新动作！［EB/OL］.（2024-03-26）［2025-01-28］. https://mp.weixin.qq.com/s/_IUOzZw6Cci5KZyDtiqE3w.

图书在版编目（CIP）数据

新时代中国企业国际传播战略实践 / 周敏，赵秀丽，
陈飞扬著. --北京：中国国际广播出版社，2025.6.
ISBN 978-7-5078-5839-6

Ⅰ. F279.23

中国国家版本馆CIP数据核字第2025R04S26号

新时代中国企业国际传播战略实践

著　者	周　敏　赵秀丽　陈飞扬	
策划编辑	王立华	
责任编辑	王立华	
校　对	张　娜	
版式设计	邢秀娟	
封面设计	赵冰波	

出版发行	中国国际广播出版社有限公司 ［010-89508207（传真）］
社　址	北京市丰台区榴乡路88号石榴中心1号楼2001
	邮编：100079
印　刷	北京启航东方印刷有限公司

开　本	710×1000　1/16
字　数	240千字
印　张	16
版　次	2025 年 6 月 北京第一版
印　次	2025 年 6 月 第一次印刷
定　价	68.00 元